張之洞

二

唐浩明 著

岳麓書社

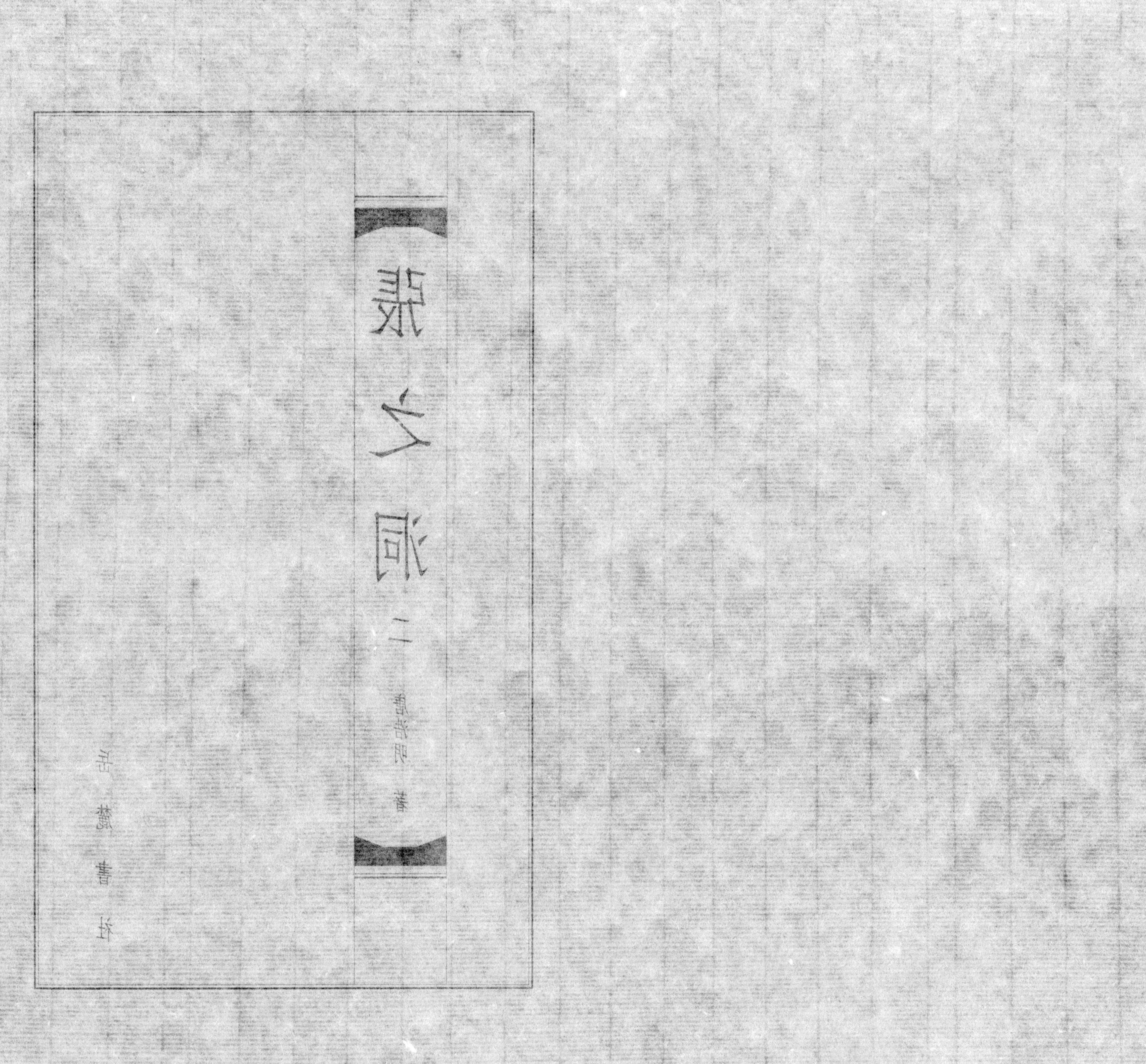

第二章　燕山聘賢

一　赴任前夕，張之洞深夜造訪醇王府

自從那次破格召見之後，張之洞的一舉一動，便都在慈禧太后的注視之中。議論東鄉翻案事時，醇王又在慈禧面前稱讚張之洞關心民瘼、仗義執言，是社稷之才。張之洞在慈禧的心目中又加重了分量。醇王還特爲告訴慈禧，張之洞贊成修復清漪園。身爲清流而不反對園工，慈禧對此很喜歡。她由此看出張之洞對她的忠心。吏部揣摸太后的旨意，將張之洞的品銜提高一級，由正五品升爲從四品。不久，又正式授職爲正四品的翰林院侍講學士。

午門事件中，張之洞的奏疏衹言謹防閹寺之患，而不言及她處置之失當。作爲一個老練的政治家，這中間的良苦用心，慈禧在事後也是能感受得到的。『委婉曲折，忠心可憫』，這是慈禧後來在與慈安的閒聊中對張之洞的知心評價。於此可見，她確實看出了張之洞的穩健和成熟。

在慈禧看來，這些都是清流中他人所缺而張之洞獨具的長處。清流人物飽學善辯，喜談國事，攻訐在位者不留情面又往往能擊中要害，但幾乎個個鋒芒畢露，咄咄逼人，衹求文章做得痛快，却並不去考慮事實上辦不辦得通。慈禧一向認爲，清流人物可以做言官，也可以做學官，但不能做實事，更不能擔當重任，因爲他們不懂得現實世界與聖賢經典之間的差距有多麽大，也不知道『閉門造車易，出門合轍難』的道理。嚴格地説，他們都不是穩重成熟的務實幹員。然而這個張之洞，却有清流之長

而無清流之短，確乎是一個難得的人才，她決定破格越級簡拔。

張之洞現居正四品銜的侍講學士之位，越級提拔，可以擢升爲正三品銜的詹事府詹事，也可以擢升爲從二品銜的內閣學士，兼禮部侍郎銜。朝廷提拔官員向來慎重，越級簡拔的事並不多見。慈禧記得，近幾十年來內外傳爲美談的一次越級簡拔，是三十多年前道光爺提拔曾國藩的事。

道光二十七年，六十七歲的道光爺在一次例行的翰詹考試後，將曾國藩升授內閣學士兼禮部侍郎銜。曾國藩爲從四品銜的侍讀學士，猛然間升爲從二品銜的內閣學士，連升四級，一時朝廷內外議論紛紛。

曾國藩的考試成績名列二等第四，並不優異，考試之前也沒有十分引人注目的表現，大家都不明白道光爺憑什麽對曾國藩如此恩寵。後來，曾國藩組建湘軍，百戰沙場，爲朝廷收復江南，在手握重兵功高天下的時候，並不造反，而且益發對朝廷忠心耿耿。直到這時，歷史纔證明道光爺是多麽的富有遠見，其識人之眼光、用人之魄力是多麽的不同凡響！

慈禧則更從深處思考：曾國藩後來之所以如此，或許正是對當年連升四級的回報。眼下又是多事之秋。皇帝年少孱弱，國家比道光時期更需要棟樑之材。向祖宗學習，演曾國藩故事，將張之洞連升三級，直接升授內閣學士兼禮部侍郎銜？

然則，張之洞真的是第二個曾國藩嗎？連升三級，可是非同尋常的異數，他張之洞能受得起嗎？

正當慈禧猶豫不決的時候，朝廷內突然發生一場大變故。

光緒七年三月初七，慈安太后駕崩鍾粹宮。消息傳出，朝野驚愕！

慈安纔四十五歲，素來身體康健，不像慈禧時常鬧病。當『太后升天』的話傳到宮外時，不少大臣

還以爲是慈禧死了。這意外的變故，導致當時及後世的許多傳聞。有一則流傳最廣、常被野史及説書人所樂道的説法是：當年咸豐帝病重時，頗爲身後之事而憂慮。咸豐帝祇有一個兒子，這位六歲的皇子乃懿貴妃那拉氏所生。皇后紐祜祿氏爲人柔儒謙退，而懿貴妃性格剛强好出風頭。咸豐帝擔心今後懿貴妃母以子貴，干預朝政，出現牝鷄司晨的局面。咸豐帝的寵臣協辦大學士肅順建議：當年漢武帝立弗陵爲太子而殺其母鈎弋夫人，此事可以傚法。咸豐帝心腸軟，不忍心這樣做，便給皇后留下一紙遺墨，上面寫着：若今後懿貴妃干預朝政的話，皇后可憑此執行家法。皇后將這道聖旨藏着。二十年過去了，已升爲慈禧太后的那拉氏雖然一直在執掌朝政，但對已升爲慈安太后的紐祜祿氏執禮甚恭。慈安認爲再保留這道聖旨已没有必要。爲了表明自己的這番心意，慈安對慈禧説出這樁事，並當面將咸豐帝的遺墨燒掉了。不料，這反而成了慈禧的一塊心病，她總懷疑慈安還會有别的辦法可以制約她，於是先下了手。她親手給慈安送來一盒糕點，糕點裏放着毒藥。慈安喫了這盒糕點後即刻暴死。

這事是真是假，已很難確鑿考訂。依常理而論，這種可能性不大，因爲慈禧無此必要。二十多年後，光緒帝、慈禧太后兩天内相繼死去。傳説慈禧自知不起，不願光緒帝在她死後報復她，便先毒死光緒帝。這兩個傳聞如出一轍，意在揭露慈禧的心狠手辣。但現存的清宫檔案完整地保存了光緒帝病情的記録，證明他確實病入膏肓，不可醫治。這種傳聞的産生，或許是由於慈禧晚年劣跡太多，人們恨她的緣故吧！不過，自古以來宫闈秘事，其間的曲曲折折，當時的局外人尚不可能清楚，何况百年後的今天！我們就姑且不論吧。

但慈安的去世，的確爲慈禧更順暢地推行她的意圖掃清了障礙。這是因爲名義上慈安在慈禧之上，且慈安爲人隨和，王公親貴中許多人有事都願意找慈安，而慈安也樂意爲他們説話。恭王便是其中一

個。自從同治四年他與慈禧發生第一次衝突後，其感情上更趨向於慈安，遂有後來瞞着慈禧，與慈安一道降旨斬安得海的事。

現在，横在慈禧前面的這道障礙既已掃除，她可以放開手脚來自我安排了。確切地説，清末的慈禧時代，是從這個時候纔真正開始的。

就在慈安去世後不久，一連十多天，彗星天天夜晚出現在參宿和井宿之間。朝臣私下紛紛議論，都認爲這是上天示儆，主政者當省愆修德。慈禧也爲此異常天象而不安，下詔求言。應詔上書的不少，但無非都是勤政愛民、寬刑薄賦等一套老生常談，慈禧對這些迂儒之言無多大興趣。這一天，她被一道摺子所吸引。這道奏章裏所説的話與衆不同。

奏章上説，彗星頻現，當思弭災防患，而當今防患之道，其大者莫過於西北之邊防及東南之海防。西北邊防，責任在陝甘總督。其總督曾國荃拜命半年來，以養病爲名，安卧湘鄉不赴任。東南邊防，責任在兩江總督。其總督劉坤一暮氣深重，且有吸食鴉片之嗜好。建議朝廷開去曾國荃陝甘總督之職，另委賢能。劉坤一現蒙内召，正可藉此令彭玉麟署理。彭玉麟既爲中興宿將，又無驕惰之氣，深孚衆望，足資起衰振疲。

慈禧看上疏者姓名，正是張之洞。她合上張之洞的摺子，認真地思索起來。

二十年前，當她廢去顧命大臣執掌朝政時，正是江南戰火彌漫之際，她一改咸豐帝左右瞻晌的態度，把東南大局全權託付給曾國藩，同時又悄悄地培植李鴻章的淮軍勢力，讓這支軍隊成爲牽制曾國藩湘軍的力量。不久，湘淮軍合作，平定了江南。繼而又以淮軍爲主力，撲滅了捻軍。到了同治七年，内地烽火基本熄滅。

就在朝野歡呼『同治中興』的時候，慈禧發現，十八省督撫，已經有多半落到湘淮將帥的手裏。她十分擔心這些人將居功坐大，弄出一個尾大不掉的局面來。這些年來，她小心翼翼地對付着這批湘淮宿將，采取籠絡、制裁、頻繁調動、相互掣肘等多種政治手腕，終於保持了政局的大致穩定。然而，時刻防範這批軍功顯赫的大臣，仍是令慈禧頭痛的一件大事。發佈曾國荃陝甘總督的上諭已半年了，他仍在湘鄉老家悠閒地住着，託辭不上任。陝甘地當西北，乃軍務要衝，曾國荃如此無視朝廷，怎不令慈禧惱火。但曾國荃身爲攻打江寧的頭號功臣，慈禧也不便公開申飭他。劉坤一是湖南新寧人，二十五歲率團練加入湘軍，轉戰湘桂，戰功卓著，三十五歲便身居巡撫高位，四十三歲便做了總督，今年纔五十二歲，年紀並不大，但大官做久了，不免有些倚老賣老的味道，近來頗爲縱情聲色。慈禧對他也很不滿意。

曾、劉身上所體現的『驕』『暮』之氣，正是那些因軍功而至高位的督撫普遍存在的毛病。它既是對朝廷權威的削減，也敗壞了官場的風氣。敲一敲這兩根翹起的尾巴，對那些頭腦昏昏的大員也是個震動。慈禧接受張之洞的建議，革去曾國荃的陝甘總督之職，任命彭玉麟署理兩江總督。也因這個建議，使慈禧不再猶豫，決定援道光帝的先例，破格越級簡拔張之洞！

光緒七年七月，一道煌煌諭旨下達：張之洞補授內閣學士，兼禮部侍郎銜。這道聖命，使張之洞轉眼之間連升三級，由一個中級官員躍爲從二品的卿貳大臣。這是咸豐、同治、光緒三朝中少有的一次破格簡拔。

張之洞奉到這道諭旨，真有喜從天降之感。清流朋友的祝賀，同僚的羨慕，故舊門生的恭喜，家人的歡欣，這一切爲他織成了一張大喜大慶之網。

第二章　燕山聘賢

這天午後，他收到張之萬從南皮老家派人專程送來的一封信函。守制在家的前總督除向堂弟表示祝賀外，並鄭重其事地告訴堂弟，應該儘快去醇王府走一趟，在醇王面前表達對聖恩的感激之情。照慣例，獲得遷升的官員在奉旨之後要給朝廷上一道謝恩摺，然也僅此而已，不需再向別的推薦者表示謝意。張之洞也正是這樣辦的，他的腦子裏還沒有想到要去感謝別的什麼人。堂兄的這封信給他一個很重要的提醒：是的，別的王公大臣那裏都可以不去，醇王府是非去不可的。

他想起去年堂兄應醇王之邀悄無聲息的北京之行，想起那幾天堂兄頻繁地與醇王會晤，又想起堂兄爲他安排的在清漪園與醇王的見面。就因爲有這些活動，纔有東鄉冤案的昭雪；說不定也就因爲有這些活動，纔有今日的越級超擢。太后—皇上—醇王—堂兄，他似乎突然看到了一個既明顯又隱約的網絡，悟出了一個既簡單又深邃的道理。一條前途無量又不無風險的道路，已在自己的面前鋪開了。

張之洞不願意讓人知道他與醇王府有什麼特殊的關係，遂在一個夜色深沈的晚上，獨自一人踏進醇王府。

『王爺富貴尊榮，應有盡有，微臣雖然做了二十年京官，但仍兩袖清風。微臣知道王爺爲微臣的這次遷升很費了神，却無法給王爺送上一件像樣的禮物。微臣今夜什麼都沒帶，祇帶上一顆對朝廷的忠心：今生將爲太后，爲皇上，爲國家竭盡全力，鞠躬盡瘁。』

張之洞這番莊重誠懇的話，使醇王爲之動容。從本性上來說，醇王也不是一個貪財好貨的人，他並不很希望別人給他送禮。他的兒子現正做着皇帝，爲他的兒子盡忠，豈不是給他的最好禮物？

醇王莞爾一笑，說：『爲國薦賢是我的本職，祇要足下今後盡忠太后輔佐皇帝，我也就滿意了。』

張之洞忙說：『王爺的話，微臣將一輩子銘記在心，對太后、皇上忠心耿耿，爲國家辦事實心實

意。』

『這就好，這就好。』醇王順手從茶几上拿起一隻淡黃色的瑪瑙鼻煙壺來，在鼻孔下面來回地移動了兩下。

醇王不愛禮物，但這個鼻煙壺就是一件禮物，它是潘祖蔭送的。潘祖蔭是個有名的古玩鑒賞家收藏家，尤愛鑒賞收藏鼻煙壺，家裏藏的各種鼻煙壺不下千數，遇有同類型的，他便會拿出多餘的來送人。潘祖蔭常說他送鼻煙壺給人沒有功利目的，其實這中間也很複雜，要細細追究起來，還是有功利的居多。就拿這個煙壺來說吧。行家們都說，這個煙壺的用材最爲名貴，這塊瑪瑙也不知在地底下埋了多少年，整個北京城找不出第二個。李鴻藻曾問他要，他捨不得，光緒皇帝登基不到一個月，他就帶了這個鼻煙壺進了醇王府，送給了喜聞鼻煙的皇上本生父。這種不露形跡的文雅禮物，倒也正合了開去一切差使的醇王的心意。

吸了一陣鼻煙後，醇王的精神大爲振作。眼前這個即將擔當大任的名士，畢竟還是要向他透點底纔是，免得他日後認不清主子。

『去年子青老先生來京晤談，盛讚足下道德文章有古人之風，我於是約請足下來清漪園一見。又讀到足下爲四川東鄉民人鳴冤的三道摺子，對子青老先生的讚許深信不疑，多次在太后面前薦舉足下。午門事件過後，太后亦與我談起過足下的摺子。我對太后說，如此忠誠而穩重的人，釋褐二十年了，至今尚屈居下僚，若不超擢，不僅使他本人心冷，衹怕朝廷也會眼睁睁地失去一個大才。太后當即頷首，果然便有此罕見之舉。我爲足下賀喜。』

張之洞明白醇王這番話的用意，忙離座拱手：『王爺大恩大德，微臣沒齒不忘！』

『坐下，坐下！』醇王對此甚是滿意，在張之洞重新坐下後，面帶微笑地說：『昨日上午，太后召我進宫，向我垂詢兩件事：一是工部右侍郎王鶴年出缺十多天了，以何人補授爲宜。一是山西近年來麻煩事不少，曾國荃並未治理好，衛榮光接手後更是混亂，晉撫一職擬換個人，問我心中有合適的人沒有。足下今天來得正好，我想問問，假若太后現在就要足下去幹一番實事，足下是願意留在京師做侍郎呢，還是願到外省去做巡撫？』

就在醇王說這番話的時候，張之洞的腦子裏已想了很多。他首先想到的是，醇王決不是他自己所標榜的不問國事的那種人，正如老哥所說的，他對國事關心得很。接着張之洞又想到，看來醇王在太后的決策過程中，對太后有不可低估的影響。同時他又想，那麼恭王呢？恭王又處在一個什麼位置上呢？或許，關於工部右侍郎的補缺和山西巡撫易人這兩件事，太后也與恭王商議過。無疑，太后正在將醇王倚爲臂膀；當然，恭王至今仍是太后最重要的幫手。

張之洞毫不猶豫地說：『微臣深謝王爺的厚愛，儻若太后真的願意交給微臣一樁實事的話，微臣願選擇巡撫一職。不要說山西尚非十分貧瘠之地，即便是雲、貴、甘肅等省，既貧困又偏遠，微臣也願意前去。微臣不是不知侍郎一職尊貴舒適，爲的是有一方實權，有一省土地，可由自己充分展佈。』

『好，志氣可嘉，我當向太后稟明足下這番志向。儻若太后予以成全，足下自應實心實意去做，爲太后爲朝廷分勞；若留在京師做侍郎，也是好事，料理本職事務之餘，還可以時常爲朝廷拾遺補闕。』

『謝謝王爺！』張之洞起身向醇王深深一鞠躬，『微臣這就告辭了。』

『好，我送足下兩步。』醇王也起身。

『不敢。王爺如此，則微臣擔當不起。』張之洞忙又一鞠躬。

醇王笑了笑說：『我也要走動一下，活動身子骨。另外，我還要問一句話。』

『王爺要問什麽話？』張之洞剛挪動的脚步又停了下來。

『咱們邊走邊說吧！』

張之洞衹得跟着醇王走出小客廳。

醇王說：『上次子青老先生來京時，他身邊有一個人，我見他器宇甚是不俗。問子青老先生，說是他的一個老朋友，住在古北口，特爲來京城與他相見。又説此人精於繪畫，畫技比他還高。不知足下與此人有往來否？』

顯然，醇王說的這個人就是桑治平。張之洞答道：『今年春天我本擬去拜訪他，他恰好有奉天之行。故那次分手之後，我與他還沒再見過面。』

醇王說：『聽子青老先生說，此人很有些經濟之才，若荒廢在山野江湖也實在可惜，你可以勸勸他，出來爲國家做點事。我想要他給我畫一幅畫，就畫古北口那段長城，不知他願不願意。』

張之洞說：『王爺如此看得起他，他必定感激萬分。爲王爺畫畫，他自然是非常樂意的。』

說話間，二人來到王府庭院，張之洞再次請王爺止步。醇王說：『好吧，我就不送了，足下靜候佳音吧！』

十天後，張之洞奉到上諭：着補山西巡撫。真的就有一方土地來由自己親手經營管理了，二十多年來的人生抱負，眼看就有實施的時候了，張之洞心中歡喜無盡。他忙着交代公事，接待各方朋友，安排內務，打點行裝，以便儘快啓程赴任。

不料，就在張府上下喜氣融融的時候，一樁大不幸的事突然發生了。

二　王夫人突然難産去世

原來，王夫人近幾日裏因過於勞累，引發早産，又加之難産，在床上痛苦地掙扎一日一夜之後，終於懷着無窮無盡的眷戀離開了人世，孩子也沒有保住。張之洞緊握着夫人漸漸冷下去的雙手，放聲痛哭，久久不願鬆開。

張之洞原本爲此事做了很周密的安排。他知道夫人産期將近，爲怕發生意外，他決定自己一人單獨赴任，而將夫人留在京師，由大根夫婦在家裏料理一切，待百日産期滿後，再由大根夫婦護送去太原。王夫人對這個安排很滿意。對丈夫這次出任山西巡撫，她心中的喜悅一點也不亞於丈夫。丈夫遠行，做妻子的怎能不過問？儘管張之洞一再關照她不要多費心，王夫人還是不顧産期在即，親自操辦着各種家事。又是清理衣服，又是置辦被褥，又是打發人上街爲丈夫買各色各樣好喫的食品。她一再對身邊的男女僕人嘮叨着：山西苦寒，四爺又不會照顧自己，要多爲他準備些喫的用的。

她終於累倒了。接下來便是腹痛流血不止，慌得府中女僕們趕忙扶她上床，又四處去請接生婆，待到張之洞深夜回家時，王夫人已不能開口和丈夫說話了。

真好比晴天一個炸雷，給吉星高照的張府以措手不及的猛烈打擊。人們嘆惜王夫人命薄，已經到手的撫臺夫人都無福消受；人們也憐恤張之洞，在就要身膺重寄的時候，失去了一位難得的賢內助。

連日來，張之洞更是以淚洗面。他日夜呆呆地坐在夫人的靈柩旁，素日裏的靈氣和才華仿佛統統離他而去，就像一個低能兒似的，不知如何來打發今後的歲月。

許多人都不知道，張之洞的情感世界裏，有着常人所少有的深深的缺憾。這種缺憾，又無形地影

響着他一生的性格和情緒。

張之洞四歲時，他的母親朱氏便去世了。小小的心靈裏，永遠不能淡忘母親最後的那一刻：母親緊閉着雙眼，父親坐在母親的病床邊。父親的妾魏氏一手抱着他，一手牽着六歲的胞姐。大家都在流淚。他不明白眼前發生的是什麼事情，衹是一個勁地在魏氏的懷裏嚷着扭動着，要到母親的身邊去。好長一會兒，母親睜開了眼睛，向各人都望了一眼，然後喫力地擡起手來，指了指魏氏懷中的兒子。魏氏走過來，將張之洞放在朱氏的身邊。朱氏用手摸着兒子的頭，眼眶裏的泪水不停地湧出。張之洞大聲喊着：『娘，娘！』朱氏聲氣微薄地對站在床邊的魏氏說：『我的這兩個兒女就託付給你了。』

魏氏邊哭邊說：『夫人放心，我會對他們好的。』

朱氏又對丈夫說：『我的首飾和金戒指，你都替我保管好，日後鳳兒出嫁，就當我送給她的嫁妝。』

『我記住了。』張瑛點點頭，將鳳兒拉過來。

鳳兒的臉挨着母親的臉。母親的淚水與女兒的淚水流在一起。

過一會兒，朱氏又對丈夫輕聲說：『我的那張琴，在洞兒成婚的時候，你要洞兒將它送給媳婦，就算是我這個做婆婆的送給她的禮物。』

張瑛說：『好，再過幾年之後，我就把琴交給洞兒，由洞兒日後交給他的媳婦。』

朱氏交待完後，又睜大眼睛死死地看着自己的一雙兒女，强拚着力氣撫摸着兒子的臉蛋。突然，母親的手從張之洞的臉上掉了下來，接着便是闔府上下一片哭聲。

就這樣，四歲的張之洞永遠失去了無限疼愛他的母親。

第二章 燕山聘賢

朱氏去世後不久，張瑛鄭重其事地領著兒子走進母親的琴房。他親手揭開罩在琴上的布套，讓兒子好好地看看。這是一張古琴，琴面有四尺多長，八寸來寬，黑黃黑黃的，上面綳着七根粗細不等的絲弦。

張瑛對兒子說：『這是你母親娘家陪嫁之物。你母親常常以此自娛，她的琴彈得很好。』

張之洞似懂非懂地聽着。第二天，張瑛便將這張琴收藏起來了。

魏氏從此擔負起撫育張之洞姐弟的責任。朱氏生前對魏氏不錯，加之魏氏自己又沒生育，故而對小姐弟兩人很好。再好也比不上親娘的貼心，小姐弟倆常常想起自己的生母，暗自流淚。然而，不幸的事再次降臨到張之洞的頭上。與他一天到晚形影不離的胞姐，三年後又因傷寒病去世。七歲的張之洞眼看着活潑可親的姐姐離他而去，哭得死去活來。

張之洞其實兄弟姐妹不少，但一母同胞，又真正親密無間的衹有這個姐姐，誰料她又過早夭折了。

從那以後，張之洞似乎與歡樂笑容絶了緣，他一門心思鑽進『四書』『五經』之中。聖人的教誨，昔賢的睿智，陪伴他孤寂的童年，啓沃他苦澀的心靈。十六歲那年他高中順天鄉試第一名。十六歲的解元是古往今來科舉史上少見的奇跡，足以令所有讀書人艷羡，張瑛和張家的西席們莫不開懷大笑。哪怕就是在這樣的喜慶日子裏，張之洞也沒有一種發自心靈深處的舒心暢氣之感。

在張之洞的記憶裏，他生命中的第一件舒暢事，是髮妻石氏的來歸。

十八歲那年，張之洞與石夫人結了婚。石夫人那年也十八歲，她的父親石煦在貴州都匀府做知府，與張瑛是同級官員，又是直隸同鄉，關係密切。在兩位父親的撮合下，一對小兒女在興義舉行了隆重的婚禮。

書香門第出身的石夫人，不僅漂亮賢淑，更兼知書達理，對丈夫温存體貼，關心備至。遵循母親的遺囑，張之洞將古琴親手交給石夫人。石夫人本不會奏琴，聽説是婆母心愛的遺物，又是臨終前的鄭重囑託，她含着眼淚接過這件不平常的禮物，决心學會操琴。

心靈手巧的石夫人，不到半年就能奏出動聽的樂曲。魏氏常説，少奶奶奏琴，就像當年夫人一樣：一樣的姿態，一樣的神情，一樣的好聽。每聽到這種話，張之洞便欣慰無已。其實，母親當年奏琴的情形，他的腦子裏一點印象都没有了。或許是因爲魏氏常念叨的緣故，或許是在他多年來對母親綿綿不絶的追思中無端形成的幻覺的緣故，張之洞仿佛覺得母親當年就是這樣的，在琴房裏一邊撫琴，一邊低吟，傾訴着她對丈夫，對兒女，對生命的無窮無盡的熱愛……

漸漸地，石氏在張之洞的心目中替代了逝去多年的母親，他那一顆渴望得到人間真愛的乾涸的心田，終於注入了清洌的泉水，無聲無息，清凉滋潤。張之洞從心底深處真正感受到了人生的歡悦。

第二年，石夫人生了一個女兒，取名仁檀。二十四歲那年，石夫人又生下了長子仁權。兒子的降生，使張之洞有一種生命延續的快樂感。再過兩年，張之洞點探花入翰苑，步入了仕途，石夫人帶着一雙兒女也來到北京。小家庭裏有着説不盡的美滿幸福，其樂融融。誰知樂極生悲，石夫人突然撒手人寰。張之洞千呼萬喚，也不能喊回愛妻的一縷芳魂。年幼的姐弟在母親遺體邊伏地痛哭，也無法使慈母再睁開眼睛。

張之洞想起夫人的種種美德：善良、寬厚、勤勞、儉樸。有一件事，令張之洞永生不能忘記。

張之洞嗜酒，經常喝得酩酊大醉，石夫人多次規勸，他都不聽。有一天他又喝醉了，深夜纔回家。石夫人在家苦等苦盼，見他這樣晚纔回來，不免説了他幾句。張之洞聽得煩了，拿起書桌上的大石硯

便向夫人頭上擲去。石硯擲在石夫人的頭上，頓時血流如注，暈倒過去。張之洞嚇得忙給夫人包扎，對自己剛纔的魯莽悔恨不已。第二天夫人醒過來了，他懷着深深的歉疚向夫人賠不是，并發誓今後再不喝醉了。夫人没有責備他，反而安慰他説，若從此改掉了這個壞毛病，她心甘情願受此一難。夫人的賢德令張之洞大爲感動，從此以後他果然不再酗酒。清苦的日子已經過去，而今事業有成，家境日漸好轉，她却獨自一個走了。

張之洞想起這些往事，悲從中來，和淚寫下三首悼亡詩：

酒失常遭摯友嗔，韜精豈傚閉關人。
今朝又共荆高醉，枕上何人諫伯倫。

龍具凄凄慣忍寒，篋中敝布剩衣單。
留教兒女知家訓，莫作遺簪故鏡看。

空房冷落樂羊機，忤世年年悟昨非。
卿道房謀輸杜斷，佩腰何用覓弦韋。

自從石夫人去世之後，童年時代那種落寞孤寂之感，又常常偷襲着張之洞的心靈。看着一雙稚氣正濃的兒女没有慈母的照顧，他在寂寞中更添一重悲傷。孰料不幸接踵而來。三年後，十三歲的仁檀又得急病死去。仁檀酷肖其母，稟性善良温和，小小年紀便知道關心父親，疼愛弟弟，是張之洞的掌上明珠。愛女的夭折，簡直摘去了他的心肝。很長一段時間裏，他心裏一直有一種厭世之感。

五年後，張之洞在湖北學政任上續娶唐氏夫人。唐夫人乃湖北按察使唐樹義之女。兩年前丈夫病逝，便帶着女兒回到娘家，住在父親的官衙內。一年前女兒又不幸死了，唐氏內心悲苦。唐樹義見學政亦是中年喪婦，與中年喪夫的女兒恰好匹配，便親自爲女兒作伐。張之洞憐自己，也憐唐氏，遂答應了這門親事。唐氏夫人人品不錯，但因是再醮，心裏總忘不了前夫夭女，情緒抑鬱，對仁權缺乏疼愛之情，小公子總是對繼母怯生生的。再加上唐夫人自小嬌生慣養，懶而任性，張之洞勸她學習奏琴，她一口拒絕，張之洞心中大爲不懌。這個續弦夫人並沒有給張家帶來多大的歡樂。過了兩年，唐夫人也因病長辭人世，留下半歲的兒子仁梃。

再次遭到喪妻之痛的張之洞，哀嘆自己的命運多舛，他不想第二次續弦了。不久，他奉命典試四川，便將二子留在京師，託人照料，自己孤身一人前往巴蜀赴命。

鄉試剛揭榜，張之洞便遵旨留在成都任四川學政。四川號稱天府之國，物産豐阜，人物俊秀，揚雄、李白、三蘇爲雄奇的巴山蜀水增添迷人的魅力。張之洞喜歡這塊土地，決心爲培養今世的四川人才全力以赴。

這一年，張之洞來到龍安府主持府試。知府王祖源與他是老熟人。那年他從武昌回到北京時，與王祖源同住羊圈衚衕達半年之久，因爲同在翰苑供職，彼此走動較勤。去年，王祖源以編修資格外放龍安府。王祖源科場不順，五十歲纔中進士，做了個老翰林。翰林院是青年才子的發祥之地，老名士在此處則前途不大，外放郡守，乃是最好的歸宿了。

老友見面，十分快樂。王祖源將學政請到家中，二人坐在書房裏，一盃清茶，海闊天空地叙舊話今，談興甚濃。張之洞指着墻壁上一幅題作《國色天香》的綵繪，笑着對主人說：『這畫定是出自閨閣之手。』

『何以見得？』

張之洞極有興致地說：『牡丹乃群芳之首，甚爲閨閣所喜愛。此其一。花朵豐滿而艷麗，葉片肥大而鮮嫩，旭日紅亮而明媚，這是人世間極具圓滿之美景，向爲閨閣所追求。此其二。「國色天香」四字，雖端正大方，但因力度不够顯得有些纖弱，顯然出自閨閣手筆。此其三。有此三點，我敢斷言這幅牡丹圖是位女丹青手的傑作。』

王祖源哈哈大笑起來：『香濤好眼力，這畫正是小女懿嫻之作。』

懿嫻，張之洞的腦中立即浮出一位姑娘的形象。四年前的一天，張之洞正在王家，與王祖源的兒子王懿榮聊天。王懿榮那時是國子監的一名監生，勤勉博學，尤好古董鑒賞，與張之洞很談得來。正說話間，書房門口走過一個女子，王懿榮隨口說了句『懿嫻回來了』。張之洞擡起眼來望過去，見懿嫻面孔清秀，身材勻稱，有一種大家小姐的風範。再仔細一看，他發現王家小姐走路不太平穩，有點向左邊傾斜，像是左腿有點毛病。張之洞心想：難怪來到王家多次，都没有見過懿嫻小姐，原來是脚有點殘疾，不願見生客。他心裏微微嘆息：多好的一個小姐，不該有這點毛病！

『懿嫻能畫這麼好的畫，過去從没有聽說過。』張之洞離開座椅，走到《國色天香》圖面前，細細地欣賞起來。

王祖源也站立一旁，拈鬚微笑，陪着客人欣賞。

『懿嫻出嫁幾年了？丈夫在哪裏做官？』張之洞隨口問老友。

『還没有出嫁。』

張之洞頗爲喫驚。四年前見到時，估計也有二十好幾了，現在不快三十了嗎？遂脫口問：『她多大了？』

王祖源臉上的笑容不見了：『不瞞你說，今年二十九，是個老姑娘了。懿嫻什麼都好，模樣兒周正，性子也溫順，就是小時候得了場大病，病好後，左脚便不怎麼靈便了，請了不少醫生，都治不好。懿嫻心性高，等閒人她看不上，家境好本人好的，又嫌她的脚，就這樣高不成低不就地耽擱了。』

張之洞又一次在心裏嘆惜：『如此才華出衆的丹青高手，儻若一輩子困於閨門，心裏不知有多大的憂愁！』

因爲張之洞十分讚賞懿嫻的畫藝，知音難得，又因爲舊時的鄰居在偏遠的四川重逢，是件令人興奮的巧事，在衙門晚宴上，王祖源破例將女兒喚了出來，同在一個席上喫飯。張之洞又當面稱讚了一番。懿嫻大大方方地聽着，臉上蕩漾着甜美的笑容。這笑容，似乎頓時化開了張之洞心中兩年多來的鬱積，心情變得格外輕鬆起來。那天晚上，他喝了很多酒，說了很多話。他發現，王家的小姐一直在靜靜地聽。那樣的安祥，那樣的寧靜，就如同《國色天香》圖上那朵帶露低垂的白牡丹。

過了幾天，王懿榮從外地轉道來龍安看望老父老母。王祖源告訴兒子，張香濤這些日子正在龍安府，又說他很喜歡懿嫻的畫。

王懿榮忙去文廟拜訪老友，又在閒聊中得知唐氏夫人已在兩年多以前過世了。王懿榮聽了這話，心中怦然一動。他回到家裏，向父母建議把妹子許配給張香濤。人品、地位，自不必說，從年齡上看，張香濤今年纔四十歲，正好相當。惟一不足的是，張香濤有過兩次婚姻，且有兩個兒子。但妹子年近三十，又有殘疾，要想再尋一個超過張香濤的人也很不容易。王祖源夫婦對兒子的建議完全贊

同，但懿嫻是個有主見的人，大主意還得她自己拿。

那天見面之後，懿嫻對張學臺印象極好。其實，懿嫻多年前便從父兄嘴裏知道了張香濤，來四川後也常聽人說起這位學政大人的名士風度和實幹作風。那天的晚宴上，一切傳聞都得到證實，尤其是他由衷地讚嘆《國色天香》圖，更給這個獨居閨中的老姑娘以極大的心靈滿足。他居然是個鰥夫，且一人孤身在任，莫不是天賜良緣？懿嫻沒有猶豫，一口答應了。

得到全家同意之後，王懿榮纔對張之洞提起這事。這樣一個處子才女肯屈己下嫁，何況彼此之間有過一段前緣，張之洞還有什麼可講的！他一點也不嫌懿嫻的跛脚，不要說有娟秀的五官可以彌補，即便相貌平平，有此等精彩的繪藝，也足以讓這位富有藝術才情的學臺大人傾慕不已了。

爲了表示對王家老姑娘的尊重，張之洞請尊經書院山長名宦薛煥作主婚人，又請四川總督吳棠作主婚人。婚禮那天，成都各大衙門的官員、各大商號的老闆、錦江書院及尊經書院的士子代表，都來學臺衙門祝賀，一時間轟動了整個錦官城。

婚後，王氏夫人裏裏外外照應周全，成了張之洞的得力助手。公餘，丈夫吟詩，妻子作畫，詩情畫意融爲一體，成都士林官場津津樂道，傳爲美談。王夫人靈慧，樣樣都行，惟獨不會奏琴。鑒於唐氏的前車之轍，張之洞不願因奏琴一事引發心中的不快；又想到王氏年近三十，再學藝也難，不忍心看她勉爲其難，遂不提古琴一事。學政期滿後，張之洞攜夫人離川回京。

四川人多事繁，學政收入較他省要豐厚，張之洞將自己的大半積蓄都捐給尊經書院購置書籍。離川前夕，按慣例，藩庫將張之洞三年期間應得的各項雜費及程儀二萬兩銀子取出送給他，他堅辭不受，要藩庫將此項銀兩用於周濟貧寒士子，及補充家境困苦的舉人進京應試的途費。對於丈夫這種不

近常情的清廉之舉，王夫人完全理解，全力支持。

然而臨到成行時，張之洞却發現自己竟然回京的旅費都窘迫了，不得已將珍藏多年的書籍賣出。回到京師，親友們前來祝賀，張之洞一時連治酒席的錢都没有。王夫人將母親送給她的狐皮馬甲拿出典當，纔使得張之洞没有在親友面前丢臉面。

王夫人胸次寬闊，視仁權兄弟如同己出，待下人也寬厚和氣，這些都令張之洞欣慰。眼看着那些才學平庸的同僚一個個遷升騰達，而自己總在中允、洗馬這類中低官職上徘徊不前，張之洞常有懷才不遇之感，有時也會無端地煩躁憤怒。這時，王夫人總會以女性的恬淡冲和來緩解他的火氣，安慰他，勸説他，讓他慢慢地化去心中的塊壘。

京官清貧，翰林院尤其是冷衙門，張府人多開支大，收入不豐，王夫人總是量入爲出，精打細算，把個家政安排得井然有序。前年，十九歲的仁權結婚，王夫人將自己從娘家帶來的金手鐲偷偷變賣，爲仁權籌集聘金。張之洞得知後感動不已，愈添敬重。

如此賢惠識大體的夫人，在即將身膺封疆重寄的時候，張之洞是多麽地希望她成爲自己日後繁劇政務的内助，一起分擔憂愁，一起分享快樂，可是如今……

張之洞環顧素花白幔裝點的靈堂，凝望着沈重黑暗的棺木，不禁凄然淚下，從心底深處湧出永恒的悲嘆：

重我風期諒我剛，即論私我亦堂堂。

高車蜀使歸來日，尚藉王家斗面香。

妄言處處觸危機，侍從憂時自訐非。
解釋篝火悲憤意，終羞攬袂道牛衣。

門第崔盧又盛年，饁耕負戴總歡然。
天生此子宜棲隱，偏奪高柔室內賢。

他想起自己四十五年的生涯中，四歲喪母，七歲失姐，二十歲無父，三房妻室及長女均先自棄他而去，人世間最難以接受的痛苦接連不斷地降臨，難道真的就要如孟子所說的那樣，天將降大任於斯人也，必先苦其心志……

張之洞懷着深深的悲傷，對着王夫人的遺像喃喃自語：『懿嫻，你走了，今生今世我再也遇不到你這樣的好女子了。看來，我這一輩子，衹有爲國操勞的義務，没有享受天倫之樂的福分。我就要去山西赴任了，這是太后、皇上對我的器重。懿嫻，你放心去吧！準兒我會好好照看，她會順利長大成人的。』

辦完王夫人的後事，張之洞開始張羅赴晉事宜。他巴望早點到山西去，這不僅是他急欲藉一方土地施展自己的平生抱負，同時也想離開這個令他時刻觸發舊情的庭院，儘快讓繁劇的政務來衝淡錐心的悲痛。

這一天午後，張之洞正在書房裏清理書籍，準備挑一些隨身帶去。正在這時，一位不速之客突然闖了進來。

『老弟，還認得我嗎？』來人拍了一下張之洞的肩膀，爽朗的川音中充滿笑意。

張之洞回過頭來一看，不覺大喫一驚：『秋衣，原來是你，好多年不見了！』

『是呀，自你離開成都後，五年了，再也沒有見過面。』秋衣在書桌邊的椅子上坐下後又問：『弟妹呢？都還好吧！』

『好什麼？』張之洞沈重地低下頭來，輕輕地說，『她已故去一個月零三天了！』

『什麼！』秋衣刷地站起來，驚訝得睜大了眼睛。『這是怎麼回事？她還衹有三十幾歲吧！』

『唉！』張之洞悲傷地嘆了一口氣，把王夫人去世的事簡單地說了幾句。

『多好的一位弟妹！年紀輕輕的，怎麼就這樣走了呢？』秋衣一個勁地搖頭嘆息，『怪不得你又黑又瘦，氣色很不好。弟妹的靈位擺在哪裏？我去瞧一瞧，鞠個躬，也算盡個心意吧！』

王夫人的靈牌，暫時還安放在張之洞的卧房裏。張之洞將秋衣領進卧房，對着王夫人的靈牌，秋衣整衣肅容，默默地三鞠躬。望着眼圈已現濕潤的老朋友，當年在成都學政衙門裏，秋衣與他們夫婦飲茶談笑的情景又浮現在張之洞的眼前。

秋衣是張之洞一個特殊的朋友。

光緒元年夏天，四川學政張之洞在楊鋭、大根等人的陪同下，到德陽去看望一個病危的學子。回成都的那天中午天氣極熱，半途上張之洞突然中暑暈倒。

楊鋭、大根心裏着急，四處並無人家，一碗茶水都找不到，更遑論醫治？

大根說：『我爬到樹上望一望，看哪個方向最近處有房屋，就把四叔往哪裏背。』

大根爬上一株高大的楓樹，一會兒便下來了，對楊鋭說：『左手邊山坳處好像有幾間房屋，我們到那邊去。』

第二章 燕山聘賢

説罷，背起張之洞就走，楊鋭等人緊跟在兩旁，約摸走了三四里路，果然見前面出現一座題爲『上清觀』的小道觀。進了門後，見屋子裏有一個人正在聚精會神拓印一截殘碑。楊鋭走上前去，客氣地叫了一聲：『道長，打擾了！』

那人擡起頭來，原來是一個四十多歲的清瘦漢子。那人說：『我不是道長。你們要做什麼？』

楊鋭說：『我的老師趕路中了暑，要借這裏休息一下，如能幫我們尋個郎中就更好了。』

那人一聽，忙將手中的活放下說：『把病人背到裏屋，放在床上。』

大根背着張之洞進了隔壁的另一間房。房裏有一張床，床上鋪着篾席，雖簡陋，倒也還乾淨。大根將張之洞平放在篾席上，那人掐張之洞的人中，又在四肢幾個關節部位上用力按摩着，然後搬出一隻尺餘見方的舊木箱來，打開木箱，裏面有七八個大大小小的乾葫蘆。那人從一個小葫蘆裏取一些黑黄色細粉，倒進張之洞的嘴裏，又從陶罐裏倒出一小碗水來，將張之洞嘴裏的細粉灌下去。

『沒有事，很快就會好的。我們都出去，人一多，熱氣大，病人不舒服。』

中年漢子帶着楊鋭等人回到原來那間屋，他仍舊拓他的殘碑，不再說話。

沒有多久，大根突然發現張之洞從隔壁屋裏走了出來，他驚喜地迎上前去：『四叔，你都好了！』

『好了，好了！』張之洞笑着說，『剛纔拖累了你們。』

楊鋭等人忙過去扶着，又指着中年漢子對張之洞說：『剛纔就是這位師傅餵藥給你喫的。』

『謝謝你了。』張之洞感激地說，『你的藥真是靈丹妙藥，一灌進肚子裏就好了。叫我怎麼謝你哩！』

那漢子高興地說：『哪裏是什麼靈丹妙藥，土方子罷了，不要謝。請坐，請坐！』

張之洞見那漢子雖身着布衣舊履，然眉宇之間却有一股清奇磊落的氣象，心中甚有好感。他在漢子的對面坐下來，親熱地問：『師傅是叫什麼名字？本地人嗎？』

漢子說：『我住在青城，這幾天來上清觀做客。我叫吳秋衣。』

『秋衣？』張之洞笑了笑，他覺得這個名字頗爲少見。

『秋衣這兩個字，取自李白的一首詩。』吳秋衣隨口念道，『洞庭湖西秋月輝，瀟湘江北早鴻飛。醉客滿船歌《白苧》，不知霜露濕秋衣。我喜歡這首詩，尤其喜歡不知霜露濕秋衣這句，便把秋衣借來做了名字。』說罷笑了起來。

『這是李白遊洞庭湖五首詩中的一首，的確寫得好，我也很喜歡。』張之洞邊說邊看吳秋衣手下的殘碑，心中猛地一驚。

原來，那截黑灰色石碑上清晰地刻着『法正之墓』四字。法正是蜀先主劉備手下的一位大謀士。傳說劉備慘敗於東吳，退兵白帝城時，諸葛亮在成都跌足嘆道：『假若法正在主公身邊，決不至於有此失利。』可見法正的才略之高。可惜法正英年早逝，諸葛亮很傷心，親自爲他題寫墓碑。熟悉史冊的張之洞知道，『法正之墓』這四個字當是按照諸葛亮的手跡摹刻的。諸葛亮傳世的手跡甚少，這四個字即便是摹刻也顯得十分珍貴，可惜這塊碑衹有下半截，上半截應當刻着法正生前的官職。

張之洞問：『這塊殘碑是哪裏找來的？』

秋衣說：『上清觀打算再建一間房子，信徒們向觀裏捐獻磚瓦石塊。有個信徒捐了三牛車石塊，這是其中的一塊。那個信徒說，他家有一座幾百年的祖宅，這些石塊都是那座祖宅的基石。墓碑究竟出自何處，已無人知道了。』

張之洞最是喜歡古器碑帖之類的文物，無意之間在此地看到了如此珍貴之物，如何不高興！他從秋衣手裏拿過已完工的拓片來，仔細欣賞着：拓片墨色深淺適度，點劃勾捺清清楚楚，丹書的筆勢，鐫刻的刀法，都完好地體現了出來，拓者無疑是個技藝嫻熟的高手。張之洞喜歡碑刻，却不能自己動手拓印。這樣的巧工能匠，居然棄於荒山野嶺之中而不爲世知，真正可惜！

『這字真的拓得好！』張之洞讚道，『你這手藝哪裏來的？』

『四處漂學的。』秋衣淺淺地笑了一下說，『我一生最愛碑文篆刻，三十年來，衹要有空，我就挑一擔空籮筐在窮鄉僻壤、古嶺老山四處轉悠，遇着年代久遠的斷石殘片，我便拾起來放進籮筐裏，遇見好的碑刻，就將它拓下來。遇上拓工，我便細心地一旁觀摩，把他們的技術偷學過來。就這樣，三十年來，我也搜羅了幾十塊珍稀古石，拓下幾百件上等碑刻，無形之間，拓技也精了。』

這是少見的有趣人：愛好如此高雅，行爲如此獨特，且好詩詞懂醫道，值得與之交往！

張之洞站起來，誠懇地說：『我和你志趣相投，我想與你交個朋友。你方纔給我解了暑，我也感激你。我邀請你到我家小住兩天，我們多談談話，我也藉此表示點謝意！』

秋衣問：『你家住在哪裏？』

『就住在城裏。』

『好吧！』

吳秋衣也起身洗洗手，拍了拍身上的舊布衫，什麼也没帶，便和張之洞等人一道離開了上清觀。

從一路上的談話中，張之洞知道吳秋衣今年四十五歲，從小在藥鋪裏做抓藥的小夥計，天長日久，也

便成了半個醫生，一般的常見病，他都可以治得好。工餘則好讀詩詞古文，尤愛書法篆刻，此興趣幾十年來不衰。八年前，妻子去世，即未再娶，兩年前獨生女出嫁。從那以後，他也便辭了藥鋪的事，靠着積蓄和替人治病的收入，專門去尋找和拓印古碑古刻。

進城到了九眼橋鬧市區，張之洞指着一邊一個蹲着大石獅的衙門說：『我就住在這裏，我是這裏的主人。』

大根對吳秋衣說：『這是學政衙門，我家四叔是學臺張大人。』

『哦，你就是學臺大人，怪不得對古碑帖知道得這麽多！』言談中，吳秋衣得知張之洞的金石學問甚多，心裏一直在猜想，此人很可能是尊經書院裏的一位教書先生，或者也可能是城裏裱畫鋪、古董店裏的一個行家，却不料，竟是學臺大人。『我叫張之洞，字香濤，我們是朋友，你不要叫我大人，叫名叫字都行。』

『好，好，我是個没受過正規教習的散淡人，也不懂士林和官場的禮儀，我不習慣叫什麽老爺、大人。你貴爲學臺，我賤爲藥工，但你若真正願意與我做朋友的話，那我們就應該是平等的。今後你直呼我的名，我也直呼你的字。』

『最好，最好！你這種性格我最喜歡！』

張之洞邊説邊拉着吳秋衣進了衙門。

楊鋭和大根都還從没有見過這樣的平頭百姓。他們想像中，吳秋衣一旦得知與他説了半天話的人竟是四川的學臺，必然會驚駭莫名，誠惶誠恐，因爲所有的小民見了官家都是這樣的，吳秋衣却不這樣。大根把他看做怪人，楊鋭稱他爲奇人。

吳秋衣在衙門裏住了兩天，張之洞將他平生所藏的字畫碑帖都拿出來讓吳秋衣看。吳秋衣邊看邊評，爽直尖刻，許多評議都很有見地，張之洞爲得到一個好朋友而快樂。

臨走的時候，張之洞説：『我們倆都是鰥夫，你可常來我這裏坐坐説説話。』

從那以後，吳秋衣真的常來做客。一襲布袍，滿身塵土地出入學政衙門，引來不少世俗人的好奇眼光：學臺與藥工成了好朋友，真個是難得！

後來張之洞與王夫人結婚，居然也把這個布衣朋友請來坐在貴賓席上，吳秋衣磊磊落落的，也不以地位卑下而自慚。他還是照常來張府，於是與好繪畫書法的王夫人也成了朋友。

離開成都回家前夕，張之洞送他二百兩銀子，資助他的脱俗事業。吳秋衣也不推脱，坦然收下。就從那以後，張之洞再也没見過吳秋衣了，但常常會想起這位與衆不同的布衣之交，不料他今天竟突然出現在眼前！

吳秋衣告訴老友，去年夏天他沿着漢唐時代的劍閣大道，離開四川到了關中平原，然後再從陝西到河南，從河南到直隸。這次遠遊的目的，一是行萬里路以廣見聞，二是到京師來看看老朋友。進城後纔聽説老友已升山西巡撫，多方打聽纔找到家來，幸而尚未離京；但這未離京的緣故却是因爲夫人的不幸故去，真讓人悲哀。吳秋衣勸老友節哀，即便不能接受，也要强迫自己接受這個事實，對這種生老病死之事要達觀看待。張之洞感激老朋友的一番真心，親人棄他而去的事，已經歷好多次了，雖痛苦，但還不至於頹喪，何況眼下正有大任等着，必須打點精神迎接繁劇。張之洞邀請老友和他一起到山西去，幫他做點事情。

吳秋衣想了想説：『官場上的事我實在不能爲你幫一點忙，我這次就不隨你去了，我要在京師住

幾個月，若有機會，再去太原看你。不過，我這次無意之間發現了一個真正可以幫助你的人，你若能請得他和你一道去山西，必可有大用場。』

張之洞的精神立時振作起來，問：『這是個什麽人？你何以這樣看重他？』

吳秋衣慢慢地説：『早就聽説古北口是個險要的關口，這次在城外恰遇兩個家住古北口的商人，正從江南做生意回來，於是暫不進城，和他們一道去了古北口。這兩個商人走南闖北，見識既廣，爲人又大方，我和他們很是投緣，一路上説話很多。』

吳秋衣喝了口茶後，繼續説着：『我對那兩個商人説，聽説古北口一帶百姓生活窮苦，從你們身上看來，倒不像是這回事。兩個商人告訴我，古北口本是一個窮地方，在幾年前都還苦，這四五年間因爲出了一個好莊主，帶領衆人發家致了富。』

自從奉旨以來，張之洞常想到今後該如何治理山西。行政牧民之事，他可真的没有經驗。古北口這個莊主，引發了他的興趣：『這個莊主是如何讓他的莊民過上好日子的？』

『我也這樣問過這兩個商人。他們説莊主有幾個好招數。一是把全莊都組織起來，就像當年的太祖爺在關外管理八旗一樣，把分開的五個手指握成一個拳頭。這樣，做什麽事都有力量。二是從山東引來好的莊稼種，種籽好，産量提高了，大家都有飯喫。三是做買賣。古北口歷來産一種名叫沙棗的棗子，味道不大好，雖産的多，但賣不了錢。莊主讓大家曬乾製成棗脯。他自己琢磨出一種好調料，加上這個調料後，沙棗棗脯又甜又脆。莊主又告訴大家，江浙一帶人喜喫甜食，運到那裏可賣大價錢。果然這一招很靈，這幾年古北口靠這個買賣，家家都發了。這兩個商人就是剛從上海回來做沙棗棗脯生意的。』

張之洞點點頭：『這個莊主的確有頭腦。』

『到了古北口，我特爲拜訪了這位莊主，果然名不虚傳，有真才實學。香濤，你去山西做巡撫，若有一個這樣的人在身旁，一定會是你的左右手。』

張之洞邊聽邊想，古北口的能幹人，會不會是桑治平？但他不是本地人，又怎麽可能做莊主呢？

『這位莊主叫什麽名字？』

『桑治平。』

果然是他！張之洞兩眼發亮，興奮地對吳秋衣説：『他是我的老朋友，過兩天我去古北口看他！』

『你的老朋友？』聽了張之洞的介紹後，吳秋衣爲自己的慧眼識才而高興。

張之洞趕忙修書一封發往古北口，與桑治平約定十八號在他們家裏相見。

三　一位報國心强烈的熱血之士，偏偏年輕時又錯投了主子

河北平原上，有一座由西至東逶迤連綿的群山。它西起潮白河河谷，一直向東延伸，直至消失在山海關旁的渤海灣。它就是中國的名山之一燕山。自古以來，燕趙多慷慨悲歌之士，無數悲壯的故事在這裏發生，無數英雄豪傑在這裏創造生命的輝煌。燕山，這位中華民族五千年文明史的無聲見證者，它與中華兒女同憂患，共歡樂。

古老的長城在燕山身上蜿蜒穿過，將中原和塞外劃開成兩個世界。就在潮白河附近，有一道天然峽谷。峽谷兩邊山勢陡峭，巨石嶙峋，乃周圍百餘里南北必經之路，真可謂一夫當關，萬夫莫開。這就是萬里長城上著名的關隘古北口。

兩漢時期，中央政府便開始在古北口設立縣衙。唐代曾在此處設東軍、北口二守護。宋代時爲使臣出遼必經之地。金代在此建鐵門關。明洪武十一年重建古北口城，設東、北、南三道城門。清初在此處建造行宮，爲皇家消夏避暑之所。康熙晚年在熱河興建避暑山莊，又擴建木蘭圍場，每年暑季皇室便遷往熱河，此處遂漸漸衰落下來。

當年，桑治平在漫遊天下浪跡江湖之後，看中了這個地方。他喜愛古北口的雄偉險奇。莽莽蒼蒼的群山，高深幽冷的峽谷，樸拙厚實的長城，仿佛正是中華民族的形象寫照。住在這裏，似乎時時刻刻都能够感受到一種蒼老而凝重的脈搏在不停地跳動。桑治平還喜歡這裏的人烟不多，民風淳樸，沒有塵世中的喧鬧爭鬥。或許是有過行宮的緣故吧，關注國事的流風遺韵依然存在，衹要你用心搜尋，京師的大動向都可以通過不同渠道傳到這裏。況且離京城不遠，儻若要打聽個究竟，快馬加鞭，朝發關口，夕至天街，也方便得很。

桑治平竟然是這等具用世之心的人，他又爲何不到長安城裏去闖蕩闖蕩，到潢池中去遊戲一番呢？原來，這中間有一個非同尋常的變故在內。

二十年前，桑治平還是一個名叫顔載礽的英俊後生，從河南洛陽老家來到京師參加會試。顔載礽學問博洽，詩文俱佳，是一個前途看好的年輕舉人。他自認爲可以一舉高中，却不料放榜之日，金榜上並沒有他的名字。顔載礽殊爲失望。他怏怏不樂地在京城晃蕩幾天後，决定回家苦讀，下科再試。

這天，他正在會館裏收拾行裝，一個穿戴闊綽的中年男子推門進了他的房間，極有禮貌地問：

『請問，你就是顔孝廉嗎？』

『是的，我就是顔載礽。』顔載礽完全不認識此人。『先生找我有何事？』

『哦，終於找到你了。』中年男子面帶笑容地説，『我是肅相府裏的，肅相請你過去坐一坐，不知你現在有沒有空？』

肅相，不就是協辦大學士肅順嗎？顔載礽心裏噢了一驚：我與他無一點瓜葛，他身居相位，是皇上最爲信任的大人物，怎麽會知道我這個二十來歲的落第舉子呢，而且還邀我去他的府上坐一坐？顔載礽大惑不解。他初次到京師，與京師官場無一絲聯繫，關於肅順，也衹是二十多天前，一個偶然的機會纔得知一些。

那是京師春天裏少見的一個風和日麗的上午，中州會館裏的應試舉子們都在伏案攻讀，再過幾天，會試就要進場了。同爲洛陽籍的孟生對顔載礽説：『聽説京師南郊的龍樹寺有個牡丹園，眼下正是牡丹花開的時候，今天天氣這樣好，我們何不到龍樹寺去看看，説不定那裏的牡丹花已開了。』

來自牡丹之鄉的顔載礽，聽孟生這麽一説，忙起身：『我們現在就去！』

兩人結伴來到龍樹寺。寺裏冷冷清清的，遊人很少，原來牡丹還沒有開。孟生説：『沒有牡丹看，我們去看看佛殿，會會法師吧！』

顔載礽對菩薩與和尚無興趣。造化誕育的山水花木，纔真正充滿着生趣靈氣。牡丹花雖未開，但它碧緑鮮亮的葉片、含苞待放的花蕾，也足以使人賞心悦目。顔載礽一人留在牡丹園裏，饒有興致地東看看西望望，胸中涌動着一股生命的機趣。

這時，牡丹園裏又來了一個人，也是二十多歲的年紀，儒雅英邁，風度翩翩。那人甚是豪爽，與顔載礽一見如故，興致勃勃地聊起天來。兩人天南海北、上下古今地神聊，從歷史到現實，從學問到時局，彼此的看法多有相同之處。到了中午時分，二人談興猶濃，那人又請顔載礽和孟生的客，在龍

樹寺附近的小酒店裏，三人又暢談了個把時辰。酒席上，那人將當今的協辦大學士肅順大大地讚揚了一番，說扭轉乾坤振興大清的希望全寄託在此人身上。臨分手時，那人告訴顏載礽，他乃湖南湘潭人王闓運，在京師朋友家做客，過幾天就要回湖南老家去。顏載礽也把自己的姓名身份告訴了他。

這位肅順，在王闓運的眼裏，就是管仲、樂毅一類人物。不管他有什麼事，沖着這一點，去見識見識也好。顏載礽答應了。來到肅府，肅順立即走出書房迎接。

顏載礽見肅順方面大耳，器宇軒昂，步履快捷而穩重，立時對這位權傾朝野的協揆有極好的印象，心裏想：怪不得王闓運將他敬重得如同天神一般。

顏載礽跟着肅順進了小客廳。坐下後，肅順面色和氣地說：『我家的西席王闓運前幾天離家回湖南去了，臨走時向我舉薦了你，說你的才學不在他之下。』

哦！原來王闓運是肅府的塾師，是他說起了我。顏載礽心中的疑團頓時解開了。他認真地傾聽着。

『聽說你這次會試未第，我想你不必急着回家，就在京師住下，我聘你接替王闓運。衹有兩個學生跟你讀書，他們也還聽話，不會給你添很多麻煩。學生不用功或做錯了事，你盡可教訓他們，不要有顧忌。早早晚晚，你可以用來自己讀書作文。至於薪水，也和王闓運一樣，每月十二兩，是京師通常人家的兩倍，你看如何?』

沒有寒暄，也不繞圈子，清楚明白，簡潔乾淨，這正是王闓運所讚賞的肅順的一貫作風。是一個做事的人。顏載礽在心裏想。他尋思着：在肅府做幾年西席，是可以學到許多書冊上沒有的學問的，況且報酬如此豐厚，也足見東家對西席的重視。他答道：『中堂如此看得起我，我自然感激不盡。衹是我年輕學問淺，怕就誤了兩位公子的學業。』

肅順哈哈一笑：『你不必謙虛了，王闓運既然推薦了你，你必然可以勝任得了。要說年輕，王闓運也比你大不了幾歲，他的學問才華要遠勝過那些翰苑老夫子。好了，就這樣定了，明天就叫人把你的行李搬進來吧！』

就這樣，顏載礽成了肅府的西席。一晃半年過去了，顏載礽和東家的關係越來越密切。他佩服肅順辦事的果斷剛強，大刀闊斧，不講情面，不留後路。肅順也喜歡年輕西席的人品才情，更欣賞他的胸有大志，不同流俗。

肅順空閒的時候，常常會把顏載礽召到書房去談話，跟他談自己的治國方案，談大清的未來。肅順對顏載礽說，他平生最敬慕兩個人：一個是輔佐齊桓公的管仲，一個是幫助漢武帝的桑弘羊。管仲的學問在《管子》一書中，至於桑弘羊，爲國家謀財富而不惜得罪巨室，以至冤死，則更令人又敬又憫。顏載礽也說些對國事的看法，及對歷史上治亂興衰的研究體會。到後來，肅順便像信任王闓運那樣的信任顏載礽，要顏載礽代他起草奏疏。顏載礽也便由西席變成了肅順的心腹幕僚。

這時，政局突然發生了巨變。英法聯軍打進北京，咸豐皇帝逃奔熱河行宮，肅順奉命隨駕，顏載礽仍留在府中教書。後來肅順感到顏載礽不在身邊有許多不便，遂將他召到熱河，兩個公子的塾師則另聘他人。

顏載礽在熱河行宮住了將近一年，參與不少高層機密，親自感受了咸豐皇帝去世前後，熱河行宮無形的刀光劍影。他當時不可能料到，這段歲月是如此的不平凡，以至於影響了中國近代歷史的進程，而被後世的野史、小說渲染得神乎其神，蒙上一層又一層撲朔迷離、永具魅力的色彩。他衹是感覺到，權力的爭鬥原來是這樣的勾心鬥角你死我活，而權柄的執掌者又都是這樣的口是心非表裡不

一。這一切，都令年輕的洛陽舉人爲之傾注了極大的興趣，又常常百思不解。

大行皇帝的梓宮就要回京了。在那些日子裏，顏載礽見東家幾乎天天食不知味，夜夜睡不合眼，沒日沒夜地與其他幾個顧命大臣在緊張忙碌，神色肅然地磋商各種事宜。顏載礽憑直覺感到要出大事了。

顏載礽跟着東家伴隨梓宮一道啓程了。這天午後，大隊人馬抵達密雲縣城。六百來里的路程已走了四百里，一路上安安靜靜。顏載礽鬆了一口氣：再有三天，就可以進京，總算平安過來了。

喫過晚飯後剛剛睡下，肅順便打發人將他叫起。顏載礽趕緊來到肅順的房間。

肅順說：『馬上就要進京城了，我想起兩道重要的上諭要擬。』

顏載礽面色莊重地望着東家，聆聽他的下文。

『第一道上諭：着兵部侍郎勝保火速帶所部南下，赴安慶兩江總督衙門，聽候曾國藩調遣。第二道上諭：着兩江總督曾國藩轉福建按察使張運蘭，火速帶所部來京聽候調遣。』

顏載礽明白東家這兩道連夜趕急草擬的上諭的重要性。一年前，勝保在通州敗於洋人時，肅順曾力主殺勝保以肅軍紀，恭王奕訢則出面保他。顯然，勝保恨肅順而親奕訢。勝保所部現今處於拱衛京師的地位，若他被奕訢所用而與肅順作對，那事情就麻煩了。相反，曾國藩在江南打仗，一直得到肅順的大力支持。肅順於曾國藩有知遇之恩，曾國藩的部下來京師取代勝保，將可確保京畿的安全。

這的確是一個事關重大的決定！

顏載礽十分佩服東家的頭腦清晰。不過，他又想，是不是晚了點呢？大行皇帝賓天不久，勝保即向皇太后具摺請安，已遭斥責。勝保違背祖制，直接給皇太后上摺，這一點當時就應該引起警惕。現

第二章 燕山聘賢

在距大行皇帝賓天已兩個多月了，若京師有新的部署，不早就安排穩當了嗎？再過兩三天就要進城了，這時纔調兵換將，還來得及嗎？顏載礽一邊草擬上諭，一邊這樣想着。

突然，從窗外傳來一陣陣馬蹄聲，似乎是從遠處向這邊奔來。漸漸地，馬蹄聲越來越大，並伴隨着嘈雜的人聲和時明時滅的火把。肅順刷地起身：『出事了！』

就在這時，一陣急劇的打門聲傳來，有人在高喊：『肅順開門！肅順開門！』

果然晚了！顏載礽臉色突變。『肅順』，誰敢這樣直呼肅相的大名？一定是出大變故了。肅順走到窗邊，跌足嘆道：『老七在裏面，他們叔嫂勾結一起來抓我了！』

恭王奕訢排行六，醇王奕譞排行七，肅順向來以『老六』『老七』這種不恭的稱呼來叫咸豐皇帝的這兩個親弟。

說完這句話，肅順來到桌邊，面色峻厲地對顏載礽說：『我要完蛋了，你沒有必要跟我一起完蛋。你趕快從後門逃走，老七的人不認識你，不會抓你的。』

說話間，又是一陣劇烈的打門聲。肅順親手打開後門，將顏載礽推出門外。顏載礽含着眼淚，對着東家鞠了一躬：『中堂保重，我走了，你還有什麽話要對我說嗎？』

肅順鐵青着臉：『沒有什麽話可說了，你日後若有機會做大事的話，要吸取我的教訓。』

說完『砰』的一聲把後門關了。

顏載礽躲在門後的一棵老樹邊，親眼看見肅順被醇王的隊伍捆綁着走了。

三天後，顏載礽趕到京城，他徑直向肅府奔去。衹見肅府前後左右都佈滿了全副武裝的兵丁。街頭上看熱鬧的行人悄悄地告訴他：『肅中堂出大事了，家被抄，家眷被看管起來了，所有親友都不准

進去。』

顏載礽掛念肅府的兩位小公子，不知這兩個弟子的情況如何，問看熱鬧的人，都說不清楚。有的說若犯了謀逆大罪，按律令兒子也要處以極刑。有的說，肅府是黄帶子，大概有優待，兒子不至於死。聽了這些話後，他心裏更是焦急。

除開肅順的兩個兒子外，顏載礽心中還惦記着一個人，這個人叫秋菱。

秋菱是肅府的丫鬟。顏載礽進府後，肅順親自安排她照顧塾師的衣食起居和書房打掃。秋菱十七歲，人長得清秀，性情文静，手脚又勤快，顏載礽喜歡她。

秋菱無父無母，衹有一個哥哥在河南老家種地。家裏實在苦得很，日子過不下去，不得已被賣到肅府，從此與家鄉斷了聯繫。她衹知道自己所住的村子名，這個村子屬於河南哪個縣她都不清楚。秋菱時常想家鄉，想哥哥，却無法回家見哥哥。她那天一眼看到顏載礽，又聽他説一口河南話，就彷佛有一種見到自己哥哥一樣的感覺，從心底裏湧出一股對顏載礽的親熱之情，因而對顏載礽照顧得格外周到。

秋菱聰明好學，但家貧不能讀書。顏載礽有空便教她認字。秋菱學得很快，幾個月下來便能認得千把字了，教者和學者都歡欣不已。漸漸地，兩人心中便你有了我，我有了你，彼此之間益發親近了。

秋菱身爲丫鬟，自認配不上舉人顏載礽。她把愛慕之情深藏心底，不敢表露出來，衹是以加倍的關心體貼來隱隱透示一點痕跡。顏載礽是個莊重而有大志的人，平素想的總是金榜題名和建功立業等大事，何况作爲相府的西席，對相府的下人更應待之以禮，持之以節，所以他心裏明明愛着秋菱，亦

知秋菱愛着他，却也不肯把這種情感流露出來。於是，兩人都互相暗戀著，不挑明。

這對青年男女純潔的初戀，便這樣在朦朦朧朧似有似無之中進行着。

顏載礽要去熱河了，秋菱柔腸千結，依依不舍。她熬了幾個通宵，給他做了一雙厚底鞋，悄悄地塞進他的行囊。在行宫的日子裏，顏載礽常常想起秋菱，想得熱切的時候，便把那雙鞋子拿出來，輕輕地撫摸着。他捨不得穿在脚上，而是將它放在枕頭下，似乎覺得秋菱在夜夜陪伴着自己。過去在相府，天天見面，顏載礽還不覺得什麽，一旦分離，纔覺察到秋菱已在他的心中有了極重的分量。他盼望着皇上早日回京，肅相也便可早日伴駕同行，自己也便早日可見到心上人。

這一天，肅順悄悄地對顏載礽説：『皇上病勢很重，我心裏焦急。你趕緊回京裏一趟。我有一包祖上傳下來的還魂散，保存在福晉手裏，你拿來給皇上服用。快去快回！』

説着將一封寫給福晉的信遞給顏載礽。顏載礽不敢怠慢，從御馬房裏借了一匹千里快馬，立即出發。第二天傍晚就趕到了肅府。他從肅順福晉手裏取到還魂散後，便回到自己的房間，正想躺下來歇息一會兒時，門輕輕地推開了！

『秋菱！』顏載礽興奮異常地喊了一聲後，便快步向秋菱奔了過去。或許是思念之情纍積得太多太多再也無法抑制，或許是一時熱血奔湧，根本没有想到要抑制，顏載礽一反離京前的穩重自持，一把將秋菱抱在懷裏，秋菱漲得紅通通的臉緊貼在顏載礽的胸口上。望着秋菱又羞又喜的神態，顏載礽覺得世界上再也没有哪個女人能比得上她。他們不再講話，兩顆心却早已融爲一顆。他不顧一切地吻着，終於，他把她抱上了床……

『秋菱，回京後我就娶你，我和你一輩子相親相愛！』

在送秋菱出門的時候，顏載礽反覆地這樣説著。

『我相信你的話。』秋菱温柔地點着頭，『我盼你儘快回家！』

肅府祖傳的還魂散並没有挽回咸豐的生命，三十一歲的年輕天子駕崩熱河，行宫裏的政局突然變得異常的錯綜複雜。顏載礽似乎覺得每一天都是在充滿着殺機的氣氛裏度過，鑾輿回京的日子被一天天地推遲。終於啓程了，終於可以見到秋菱了，却萬萬没有料到，竟然會如此風雲突變，世事全非。京城是回到了，肅府也近在眼前，秋菱却再也見不到了。瞬刻之間，他有一種頹然心死之感。

顏載礽不情願就這樣離開肅府，他一連四五天守在肅府的旁邊，注視着肅府的内外動態。每日裏祇見肅府裏的傢具擺設、大櫃小箱一件一件地被兵丁們搬上馬車，不知拉到什麽地方去了，而肅府裏的大小主子奴僕則一個也見不到，當然，也見不到兩個公子和秋菱。到最後，大門小門甚至連窗户在内都貼滿了封條。大部分兵丁都撤走了，祇留下幾個兵丁在府門外游弋。看熱鬧的人也没有了。僅僅幾天前，還是高車軒馬門庭若市的肅府，頓時死一般的寂静下來。在萬般無奈之際，心緒凄凉的顏載礽祇得遠離肅府。

他決定在京師住一段時期，一來看看事態的發展，二來也想在偶爾之間遇上肅府的舊人，打聽打聽兩位公子和秋菱的下落。

不久，肅順被指摘爲姦佞之首，公開殺頭示衆。他的兩個兒子則免於追究，被一家遠親收留，藏之於深宅，與世隔絶。至於肅府的舊人，顏載礽一個也没遇上，秋菱的情況也打探不出半點。按着國家的律令，被殺頭抄家的大員，其府中的奴僕一律籍没歸官。顏載礽心想，秋菱或被賣給某個官府做女僕，也或許被遣送到邊遠之地，發配給戍邊的罪員做妻妾了。

可憐的肅中堂，可憐的公子，可憐的秋菱！一切都完了，一切都改變了。顏載礽長長地嘆了一口氣，滿腹凄愴地走出城門。

他也不敢回家，便在昌平租了一間茅屋，過起隱居生活來。

陡然而起的政變很快便過去了。無論從國家大局來看，還是從市井民間來看，這場政變似乎没給社會帶來什麽變化。朝局穩定，江南的戰事繼續進行，京師老百姓一如既往地過着平淡的日子。剛開始還可以聽到一些關於政變的議論，三五個月後連百姓的街談巷議也聽不到了。再過一段時期，人們似乎已經把這樁驚天動地的大事，給徹底遺忘了。

顏載礽覺得悲哀。是人類天性祇顧眼前，易於淡忘往事，還是那樁往事本不值得留在記憶裏呢？是今天的大清國民已變得愚昧麻木，還是史册上那些慷慨激昂、可歌可泣的文字，原本就是幾個文人的想當然筆墨，與當時的社會其實並没有多大的關聯呢？

這番陡然而起的大變局給顏載礽强烈的刺激，作爲朝廷最恨的肅黨成員，考進士做官這條路自然給堵死了。他於是乾脆斷絶這份心思，跳出『四書』『五經』、八股試帖，一心一意去研讀史書、兵書、輿地、農學、荒政等書籍，像青年時代的左宗棠那樣，儲備着真才實學，静待天時。

他記住肅順對他説的敬佩管仲、桑弘羊的話，傾注極大的心血潛心於《管子》《鹽鐵論》中。他最終在這裏看到了人世間的真學問，由衷佩服管仲、桑弘羊，也由此而佩服肅順的眼光。他心裏深深地爲肅順嘆息，也爲大清國嘆息。肅順丢了腦袋，大清國丢失了一個有真本事的治國大才。肅順就是今天的桑弘羊。他和桑弘羊一樣的才幹性情，一樣的不顧一切推行自己的强硬主張，終於也一樣的招來殺身之禍。

爲了避免牽連引來不必要的麻煩，顏載礽決定改名換姓。

桑弘羊是他的同鄉，說不定桑顏兩家在歷史上有過親戚瓜葛，於是顏載礽借桑爲姓，取名治平，字仲子。這裏既有追慕管仲、桑弘羊之意，也有一份懷念老東家的情感隱藏其中。

桑治平小時便酷愛畫畫。擺脫了功名桎梏後，他有了較多時間，於是重操畫筆。他細心揣摩古人筆意，又注意觀察身邊的山水蟲魚。他是個天賦極高的人，在『外師造化，中得心源』的過程中，繪畫技藝迅速提高。這不僅使他在讀書思考的同時，可以獲得丹青之娛，同時又爲他解決了生計的大問題。他靠賣畫維持着衣食無憂的生活。

在昌平隱居五年後，桑治平開始雲遊天下的壯舉。他先到東北，在白山黑水間考察滿洲部落發祥的歷程。從東北返回後他又漫步三晉，遥想那段無年無戰的春秋歲月。然後他南下中原，登嵩山，遊河洛，邁過潼關來到長安、咸陽，感受漢唐盛世的遺風餘韻。從長安折轉向南，越秦嶺，穿劍閣，來到巴山蜀水之間，憑弔武侯祠、白帝城，咀嚼一代名相輔佐兩朝的艱辛。繼而飛渡三峽，於兩岸猿聲之中舟抵荆楚大地。在江陵舊國，在黄鶴樓頭，緬懷當年楚莊王的霸業、三閭大夫的忠憤。再從芳草萋萋的鸚鵡洲起錨升帆，順江東下，登上收復不久的古都城垣。在一片廢墟之中，游秦淮，覽鍾山，泛舟莫愁湖，佇步勝棋樓。想起剛剛熄滅的遍地烽火，追思六朝走馬燈似的改朝换代，這座龍盤虎踞的石頭城，浮沈了幾多帝王英豪，積澱了幾多歷史滄桑！從江寧北上，與豐沛子弟聊高祖軼事，聽淮陰侯後裔訴千古奇冤，瞻仰至聖、亞聖之祀廟，觀泰山日出黄河入海之雄奇。

經過這段歷時三載，縱橫數萬里的徒步旅遊，桑治平似乎感受到五千年中華古老文明的真諦所在，觸摸到華夏民族生生不息的律動脈搏，腦子裏常常有電光石火般的智慧閃爍，心境時常覺得如瑶池之

水洗過後的清晰明淨，而立之年的舉人桑治平，經過讀萬卷書行萬里路的鍛造錘煉，已經成熟了，真正地立了起來，他覺得自己可以擔當大任，爲國效力了。但朝廷對肅黨仍追查得很緊，他這個爲肅順草擬了不少重要文書的西席，又怎能出頭露面，去保和殿參加會試，以科場勝利來走上仕途呢？不入仕途，又哪能獲取官位爲國効力呢？

雖然仕途無望，但桑治平並不氣餒，一則他可以耐心等待機遇，二則即使一輩子遇不到機遇，讀書作畫，寄情山水，安貧樂道，澹泊寧静，也是充實的人生。

在踏進京門的前夕，桑治平在古北口結識了一個比他大二十多歲的忘年好友。此人姓柴名廣，乃周世宗柴榮的四十六代孫，也是一個喜歡讀書思考的人。柴廣家道殷實，膝下祇有一女，見桑治平非凡夫俗子，有意招他爲壻。這些年來，桑治平惦記着秋菱，從未想過婚娶之事。漫遊天下的壯舉中，也包含着尋覓秋菱的一份深厚情意在内。八年過去了，秋菱杳無音訊。看來此生不能續那段情緣了，桑治平接受了柴廣的美意。柴氏賢惠，婚後生下一女，小日子過得甚是甜美。

桑治平久静思動，總不甘心平生所學一無展佈，於是告别岳父母和妻兒，外出尋找機遇。同治九年，他在姑蘇城内遭竊落難，被迫賣畫籌集回家的旅費，就這樣遇到了張之萬。桑治平見張之萬雖貴爲狀元巡撫，却並不擺官場架子，對他平等相待，又同好丹青，談話投機之處甚多，遂答應留在巡撫衙門。

住在衙門一段時期後，桑治平冷眼觀察張之萬，見這位撫臺雖不是擎天大材，却也勤政愛民，禀性純良，不是那種欺詐貪婪、兩面三刀的俗吏，遂有心幫他做一點事。不久，張之萬升閩浙總督，桑治平跟隨他來到福州。閩浙兩省，自古乃東南要域，若從春秋時期的眼光來看，也是一個大國了。隨

着彼此友誼日深，桑治平定下心來，欲竭盡平生本領輔佐這位制臺大人，爲國爲民做出一番實事來。不料，張之萬却要告老還鄉，桑治平衹得遺憾地離開福州，回到古北口，繼續過他與詩書畫册、山水林木爲伴的澹泊生涯。

古北口住的多是柴姓人家，柴廣做了多年的莊主，人望很好。柴廣晚年多病，莊主事多委託桑治平辦。桑治平將二百多户的柴家莊當作一個小國來看待，藉此試試牛刀。他以管子治國之策，採桑弘羊爲政之術，果然把柴家莊整治得面目一新，深孚柴家莊人的信任。前年，柴廣去世，全莊一致推舉他這個外鄉外姓人做新莊主。桑治平於此也獲得事業小成的滿足感。

前些日子，他收到張之萬從南皮寄來的信。信上説：舍弟擢内閣學士兼禮部侍郎銜，要不多久，或實授侍郎，或外放巡撫。若内授侍郎則罷了，若外放巡撫，乃一方諸侯，正可以藉此做一番事業。彼時開府立幕，必將廣納人才，望賢契前去就他。對舍弟而言，得一大材相助，如同增一臂膀；對賢契而言，平生才學可得施展，此亦爲極好之機遇，切望留意。

桑治平接到這封信後，很爲張之洞的超常擢升而高興。張之洞的確是官場中的人才，他的翰林做得與衆不同，可知他今後的巡撫也會做得與衆不同，爲這種有才的朋友佐幕是可爲的，何況自己多年來所積纍的治世實學，也總得有所施展纔是。不過，轉念他又想，已是過了四十歲的人，精力早不如從前的充沛，對世事也看清看淡了許多，辦起事來大概也不會有太高的熱情；再説，畢竟是爲别人佐幕，不是自己做巡撫，古北口住得好好的，柴家莊也有一番雖小却有意義的事業可做，有必要出去嗎？

正在桑治平如此思來想去的時候，他收到了張之洞的來信。

第二章 燕山聘賢

四 出山前夕，桑治平與張之洞約法三章

張之洞坐在大根駕駛的騾車上，沿着京師通往塞外的千年古道，經過兩天的摇晃顛簸，於午後到達古北口。張之洞在北京住了十多年，還從没有到過這裏來。他環顧一眼四周，果然地勢險要。

綿延四百餘里的燕山山脈，從這裏發源。它在發源處便奇峰陡起，偏又在此處生就一道大峽谷。峽谷兩邊山坡峻峭，仿佛造化爲方便下界芸芸衆生，讓他們有個南北通道，而用神工鬼斧劈開似的。兩邊山坡都是堅硬的巖石。石縫裏頑强地生長着各種樹木，有低矮密集的灌木叢，也有高聳雲霄的樟楠松柏。傳説爲秦始皇時代建築，明代重修的古長城基本上保存完好。它像一條不見首尾的巨蟒，在古老的燕山山嶺上緩慢地爬行，一會兒騰空躍起，一會兒俯首低徊，給這處千年古隘壓上了沈重的歷史重荷，也給它增添了動態的生機和情趣。古老的關樓依然雄峙着，顯得威嚴勁挺。

由於山高路窄，行人稀少，這裏顯得格外的安靜幽深。剛過午後不久，太陽便看不見了，一切都罩上一層灰黑的色彩。巖石是灰黑的，樹木是灰黑的，古長城是灰黑的，附近星星點點的民居是灰黑的，連廢置多年的行宫也是灰黑的。關内關外，充塞着一股濃厚的肅穆氣氛。古北口真是一座禁衛京師的神奧難測的險要關隘。

張之洞正在佇足神思的時候，有一個人已走到他的身旁，笑着向他打招呼：『香濤兄，説來就來了！』

張之洞回頭一望，站在旁邊的正是桑治平。他高興地説：『正要向人打聽你的家，不想你就來了。你怎麽這樣巧就遇到了我！』

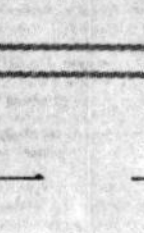

桑治平說：『你道古北口是京城？這裏不過巴掌大的一塊地方，芝蔴大點的事立即全古北口就都知道了。聽鄰居說，有一個官員模樣的人，從京師坐騾車來，在關口停下，四處觀看。我想十有八九是你。』

『那你接到我的信了？』

『前天就接到了。』

桑治平說着，一邊又與正在照料大青騾的大根親熱打着招呼，轉過臉來對張之洞說：『到家裏去吧，就在前面。』

張之洞主僕跟着桑治平，來到一座宅院門前。一道泥築的圍墻，圍出一個寬敞乾淨的四合院來。

桑治平指着大門說：『請進吧，這就是寒舍。』

張之洞邁進門檻。正面四間是坐北朝南大瓦房，兩廂六間側房均爲高粱秸蓋頂，庭院裏有一大塊種着蘿蔔、大白菜的菜地，一群鷄鵝在菜地邊嬉戲。四合院裏洋溢着濃郁的農家氣息。

桑治平將張之洞帶至正房邊，指着右側的一間房說：『這是我的書房，我們就在這裏說話吧！』

坐下後，張之洞見書房左邊墻壁邊擺着一長條書架，上面整齊地放着百餘册書籍。比起張之洞的書房來，桑治平的書大概不及十分之一。書架旁邊懸掛着一張條幅，上面寫着：

夫大丈夫能左右天下者，必先能左右自己。曰：大其心究天下之物，虛其心受天下之善，平其心論天下之事，潛其心觀天下之勢，定其心應天下之變。

左下角有一行小字：柴廣恭録明誠意伯劉伯溫先生語。

張之洞面對這張條幅沈吟良久，心裏想：宇宙間從大的範圍來看是天下，從小的方面着眼即吾心，

這二者其實是一回事。想左右天下，必先得左右自心。劉伯温是個大智者。他回過頭來問桑治平：

『聽說柴廣是你的岳丈，柴家是柴榮的後人，是這樣的嗎？』

桑治平說：『你怎麼知道柴廣是我的岳丈？』

張之洞說：『我的一個布衣朋友前幾天特地來古北口拜訪過你。他叫吳秋衣，還記得嗎？』

『記得，記得，那是個很有趣的人。』

『他在我的面前竭力推舉你。』

『他怎麼推薦我的？』

『他說你有管仲、樂毅之才。』

桑治平笑了起來：『我怎麼可以跟管、樂相比，一個江湖流浪者而已！倒是柴家的確爲柴世宗的後裔。可惜也早已没有鐵券丹書，淪爲平民百姓了。』

說話間，側面墻壁上一幅水墨畫又引起了張之洞的注意：莽莽蒼蒼的燕山上，起伏着蜿蜒曲折的萬里長城，古北口高聳於畫面的左下角，雄偉的關樓凌空矗立，俯視着一望無際的關東大平原。

看到這幅畫，張之洞猛然想起醇王的囑託來。

『醇王爺聽家兄說過，兄臺長於繪事，想請你爲王府畫一幅古北口中堂。我看這一幅就很好，請你照這個樣子再畫一幅如何？』

提起醇王，二十年前密雲縣深夜拘捕肅順的那一幕，又浮現在桑治平的腦子裏。他本想斷然拒絕，但又怕張之洞難堪，便說：『這幅畫是好幾年前畫的，近年來我一直未拿過畫筆，技藝生疏了。過兩年吧，待我活活手後再畫吧！』

桑治平的那一段歷史，張之洞並不知道。他想這大概是出於文人的清高吧，他不願隨便給王府送畫，以避巴結之嫌，這也是可以理解的，遂笑着説：『好吧，這事以後再説。』

柴氏進來，向張之洞問好後，請他到廳堂喫飯。桑治平的獨生女燕兒也同桌喫。雖是山村野外，無京師的豪華闊綽，却比京師的菜蔬新鮮爽口，尤其是幾碗燕山野味，則更是城裏所喫不到的。一頓晚飯喫得大家興致極高，張之洞與桑治平的家人也顯得親切隨便了。

喫過晚飯後，桑治平陪着張之洞遊覽了古老的關樓和前朝的行宫，又細細地看了看這段長城的建築。掌燈時分，二人重回書房，開始談及正題。

桑治平説：『接到你的信，知你蒙特別聖恩，擢升山西巡撫，先要向你賀喜。』

張之洞説：『不瞞老朋友，久屈翰苑，突然得到外放一方的聖命，我自然是興奮而深懷感恩之情。衹是巡撫地位雖尊，却也擔子沈重，不比在京師做言官史官，到底衹是寫寫説説，不負實際責任。因此，奉命至今，心裏一直未曾安妥過。早就想來拜訪你了，衹是因故延遲了時日。』

桑治平用心傾聽着張之洞的話，聽得出説的都是實話。他説：『誠如你所説的，一省巡撫的確擔子沈重，它直接關係到百姓的切身利害，要辦的都是有關國計民生的實事，不是能言善辯、引經據典就可以解決得了的。』

張之洞點點頭説：『你説得對，我所缺的正是辦實事的經歷。過去雖做過湖北、四川兩省的學政，那也還衹是與書籍和士人打交道，錢糧刑名這些經濟大事並未着邊。你曾在家兄身邊做過多年幕友，富有經驗，我很想能隨時得到你的點撥。我也不繞圈子了，開門見山説吧，我這次到古北口，就是來敦請兄臺出山，隨我去太原，幫幫我的忙如何？』

第二章 燕山聘賢

桑治平端起茶盃，慢慢地喝了一口，繞開張之洞的所問，説：『前些日子我收到青帥從南皮發來的一封信。信上説你已蒙擢升，或將實授侍郎，或將外放巡撫。』

『噢！家兄這麽快就把我的事告訴你了。』張之洞頗爲驚訝，『家兄信上還説了些什麽？』

『青帥信上説，』桑治平放下茶盃，『若實授侍郎則罷了，若外放巡撫，則希望我能爲你佐幕。』

『你看，我們兄弟倆想到一起了。』張之洞懇切地説，『仲子兄，請你務必幫幫我的忙。』

『我能幫你做些什麽呢？』桑治平面色凝重地思索着。

『你可以做我的幕府總文案。當然，這個職位事情多，煩雜，不一定會適合你。要麽，就不負任何實際責任，就作爲我的朋友在衙門裏住着，幫我出出主意，當當參謀。不管你選擇哪種身份，我都按山西巡撫衙門前一任總文案的薪銀發你雙俸，保证你一家老小無衣食之虞。』

桑治平笑了笑後説：『我並沒有和你一起辦過一件實事，平時所説的，都衹是嘴上功夫。常言説得好，説的容易做的難，你憑什麽就這樣相信我？』

張之洞認真地説：『憑我們交往時我對你的瞭解，憑家兄對你的信任，也憑這次與你素昧平生的吳秋衣的舉薦。』

桑治平聽了這句話後，心中頗爲感動。士爲知己者死，就憑着這番真誠的相知，就值得出去幫幫他。

桑治平端起茶碗來不做聲，慢慢地喝了幾口茶，放下茶碗後，從從容容地開了口：『大清國曾有過康、雍、乾三朝的興旺時期，祖孫三代加起來有一百三十多年之久，可比漢唐的文景、貞觀、開元、天寶，而爲期之長，又要過之，實爲難得。但自從嘉慶初年白蓮教鬧事以來，朝野就再也没安定

過，國勢頽敗的趨勢，從那以後，再也不能遏止。特别是道光二十年鴉片之戰以來，戰火不息，國無寧日。先是太平軍在廣西起事，一直打到江寧，十三四年間朝廷和太平軍打來殺去，把個錦綉江南毁得如同廢墟一般，這中間還雜夾着天地會、三合會、捻子等一起哄鬧，直到同治七年捻子全部平息之後，纔算透過一口氣來。但西北一帶回民的騷亂却並没停止，等到前幾年左宗棠的大軍從關外班師回朝，西北的亂事纔可謂勉强止住。看起來西北一隅之亂不關中原大局，其實，源源不絶的糧餉都是從中原運過去的，在西北打仗，與在中原相差不多。這中間還夾雜着一個英法聯軍打進北京，都城淪陷，皇上北逃。如果用内憂外患民不聊生綱紀混亂人心浮動這些老話，來套這四十年來的現况，的確一點不過分。香濤兄，這就是你這個山西巡撫所處的大的時勢背景。』

張之洞點點頭説：『你説的都對。我們是生在亂世，我做的是亂世官，亂世中的老百姓都不好做，想要做有所作爲的官就更難了。』

『這是從國勢的大處而言，若從小處山西一省而言，情况大體差不多。』桑治平繼續説下去，『山西那塊地方，十多年前我去過，我由娘子關入的境，一路東看西問地進了太原府。在城裏住了半個月，再南下，由榆次到太谷，再到祁縣、平遥，經洪洞到臨汾，最後過中條山進入河南，去訪孟津古渡，澠池舊盟。我在山西省足足盤桓了一個半月。』

聽説桑治平有這段經歷，張之洞興奮起來，越發感到此去山西非要將他請去不可。

『山西貧苦，但更複雜。』桑治平繼續説下去，『那時是趙長齡在做巡撫，我沿途所見莫不是吏治腐敗，民生凋敝，沿途所聞莫不是呻吟哭泣怨聲載道，到處聽説有緑林響馬在打家劫舍。過中條山時，我親眼見到幾處嘯聚山林的强人，每一處都有兩三百人之多，一個個衣衫襤褸而又面色兇惡，真使人又惘又恨。當時，江南還未完全平静，安徽、河南又鬧捻子，山西號稱完富之省。其實，既不完更不富，内部都朽爛了。衹是那些做官的要保住自己的頂子，報喜不報憂，太后、皇上坐在紫禁城裏，哪裏知道他的三晉子民正在飢寒交迫之中哩。前幾年山西大旱災，據説王粲筆下的「出門無所見，白骨蔽平原」的慘象又出現了。這兩年可能有所好轉，但估計也好不了多少。香濤兄，你這差使領的不是地方呀！』

張之洞在桑家的書房裏來回踱步。桑治平説的山西省的情形固然是事實，但其他各省又比山西强得多少呢？湖北雖稱糧倉，自古有『湖廣熟，天下足』的民謡，但做過三年湖北學政的張之洞非常清楚，經過前些年湘軍和太平軍的混戰，湖北元氣大傷，不但年年不熟，即使偶爾有一年熟了，連湖北本省民衆都不能滿足，何况天下！四川也比湖北好不了多少。天府之國的錢糧，因江南戰事淘空得差不多了。至於吏治的腐敗，官民之間對立的情緒，東鄉之案便是一個突出的例子。要想做一個輕鬆太平的巡撫，眼下十八省怕是找不出一個省來。

張之洞苦笑着説：『朝廷所差，身不由己呀！山西再貧瘠，我也衹得去赴任了。』

『我幫你出個主意，可以讓你躲開這個差使，另謀優缺。』桑治平眨了眨眼睛，狡黠地笑着。

『你有什麽好主意呀？』

『你可藉生病爲由，請假三個月，禮部侍郎王世民已病入膏肓，大概在這一兩月内便會出缺。那時你再請醇王幫幫忙，調一調，不去太原，而補王世民的缺。如此，則可免去一項苦差而獲得一優缺。你數任學使學政，一向以詞臣言官聞名於世，補禮部的缺，正可謂人地兩宜，今後仍可以一邊做官，一邊吟詩作文，不失文人本色。』

『仲子兄此言差矣！』張之洞正色道，『古人云，士大夫於進退之處，當謹慎自重。我張之洞一生清白狷介，於自身進退之處光明磊落，不願也不屑於玩弄此等小伎倆。上個月醇王召見我，問我若有巡撫與侍郎兩者可選的話選何缺。我毫不猶豫地回答，願選巡撫。不是不知道巡撫苦累而侍郎優裕，乃是願爲國爲民做幾件實事。早在進翰苑之初，我就對子青老哥說過：平生志趣，雅不以文人自命。文人清高，自娛有餘，若幸而有幾篇詩文做得好的話，不僅可享譽當時，還有可能傳名後世，但究竟於國於民實效不大。儻是命運不濟，不得實職，也衹得如此了。我今日幸而得到太后、皇上器重，外放一方巡撫，且正當年富力强之時，豈可因所赴之地貧瘠艱難而止步？仲子兄，實話對你說，衹要能爲山西百姓辦成幾樁實事，給山西百姓帶來實惠，我日後就是累死於三晉，也心甘情願，決不後悔！』

『好，志氣可嘉！』桑治平擊掌讚道，『香濤兄之志與桑某不謀而合，剛纔的話，不過戲言耳，請萬勿記在心上。關於履任後的打算，你有没有好好想過？』

『實話告訴你吧，我奉旨纔幾天，内人便因難産而去世。遭此不幸，方寸迷亂，故這一個多月來根本無心思考履任後的打算，我很想聽聽你的高見。』

聽到這話後，桑治平心頭一沈：人生禍福真是捉摸不定。他知道遇上這等不幸之事幾句安慰話並無補益，不如不說，衹以沈默來表示心中的同情。

過了好長時間，桑治平纔開口：『陶淵明説得好：縱浪大化中，不喜亦不懼。應盡便須盡，無復獨多慮。嫂夫人該去就讓她去吧！生者活在世上，該做的事也還得要去做！』

『也衹能這樣想了。』張之洞無可奈何地應了一句。

『你請我出來爲你佐幕，這是你相信我，我很感激，惟其如此，纔更須坦誠相待。我要對你説句老實話，我這二十年來差不多已拋開了儒學，我習的乃是雜學，兵家、陰陽、墨、道一併看重，尤重管學即管子之學，愛讀《鹽鐵論》，奉管子、桑弘羊爲宗師。從名教角度來看，我乃野狐禪一類，不爲正統士人所齒。你是清流名士，或許難於接受，與其日後不歡而散，不如今日先挑個明白，行則共事，不行則各不相干。』

以儒家信徒自居、以聖人名教爲性命的張之洞，乍一聽到這番話，頗出意外。不過，他到底不是倭仁、徐桐那樣的迂腐理學家，稍停一會兒，他説：『管仲九合諸侯一匡天下，桑弘羊創平準均輸良法，都是一時之大才，奉管、桑爲師，也並非不好。你不妨詳細説説你的看法。』

『自漢武帝罷黜百家獨尊儒術以來，戰國時期的百家爭鳴變近兩千年來的一家獨霸，這對鞏固皇權統一人心或許有利，但却扼殺學術壓制人才。尤其不好的是，儒家發展到後來成了一門空疏之學，虛僞之學，與孔子當年的學説相差甚遠，與國計民生更是毫無聯係。依我看，中國淪落到今天國弱民貧的境地，尋根溯源，便要追尋到漢武帝所推行的這種霸道國策上去。』

張之洞用心聽着這位隱逸者的獨特議論，注意到他並没有攻擊孔子的學説，衹是指責西漢以後的儒家學派，這與全盤否定周公孔孟還是有區別的。

『天底下國與民的事，《管子》一書開宗明義就講清楚了。凡有地牧民者，務在四時，守在倉廩。倉廩實則知禮節，衣食足則知榮辱。又説政之所興在順民心，政之所廢在逆民心。又説天下順治在民富，天下和靜在民樂。一部《管子》反覆陳述的就是這幾層意義，而這幾層意義則揭開治國治民全部奧秘。也就是説，爲政者的所有作爲，最終的結果都要落實到百姓的頭上，即使百姓快樂。快樂在於

富有，富有在於有喫有穿，有喫有穿纔知禮節榮辱。而二千年來的所謂儒學衹講禮節榮辱，不講衣食財富，完全顛倒了本末。香濤兄，在我看來，中國之誤，誤在從政者衹重虛不重實，衹重末不重本。這如何能得到百姓的擁護，又如何能把國家治理得好？』

張之洞心想：他的話雖然偏頗了些，但不能説完全没有道理，士人的興趣確實重在禮義廉恥上，對農工商不屑於過問，特別是宋明以來，更大談心性命理等等，越談越玄，越談越空，故後人批評宋明亡國就亡在空談上。誠如管子所説的，禮節榮辱建立在倉廩衣食上，尤其是鄉間農夫市井小販，他們不懂詩書胸無大志，喫飽穿暖纔是他們的追求。過去做學政，做翰林，打交道的是士人官吏，他們都衣食無憂，自然有心思談禮節談榮辱。現在去做巡撫，錢糧賦稅肅匪辦案，樁樁件件都是與小民打交道。小民求的是温飽，巡撫又怎能不去關心他們的温飽？

想到這裏，張之洞説：『管子説倉廩實則知禮節，衣食足則知榮辱，這話極有道理。做牧民之官，應時時記取這兩句話，讓百姓足衣足食。其實，聖人之教也很注重這方面，孟子説黎民不飢不寒，不王者未之有也。也就是講爲政者當順民心，使百姓有喫有穿。』

桑治平面露欣色説：『香濤兄果然是明理達事的人，如此説來，我們有共同的語言。依我看，你此去山西應重在爲百姓謀實利，也就是説爲百姓的豐衣足食而努力，要用三五年的時間，使三晉百姓富足起來，如此你張香濤纔是一個好巡撫；至於具體如何富民裕民，到達山西後再從容計議！』

張之洞高興地説：『讓山西百姓過上好日子，這是作一個晉撫的本職，在這點上我與你完全一致。當然，我信仰聖人名教，我不會改變，你奉管仲、桑弘羊爲師，你也不必改變。你做我的幕賓，我看重你的爲學。你治的是致富之學，正好幫我出主意想辦法，讓三晉早日富裕起來，以你之長補我之不

足，這不是合則雙美的大好事嗎，你還猶豫什麽呢？就委屈你做我的山西巡撫衙門的總文案吧！』

『慢點。』桑治平説，『你的長子已成家，自然留在京師，次公子今年多大了，是留在京師還是隨你去太原？』

『我想，待我安定下來後，還是接他到太原去讀書爲好。』

『這樣吧，我還是以公子師傅的身份住在衙門裏，幫助你做點事。』

『好，就這樣！』張之洞興奮地説，『薪水不變，還是總文案的樣。我們就這樣講定了。』

『不過，我們得約法三章。你若依，過幾天我就隨你啓程；若依不了，則你去你的太原府，我守我的古北口。若日後你違背這三章，我會中途拂袖而歸，你也不要怨我。』

張之洞趕緊説：『這樣最好，你約的是哪三章，説出來，依得了就依，依不了明天我就一人回京師。』

桑治平説：『這第一章是，你張香濤不能做貪官。對中國的官場，老百姓第一恨的是貪官污吏，我桑某人也第一恨的是這種人。岳武穆説，文官不愛錢，武官不怕死，天下就太平無事。這話最是説到點子上了。曾文正公爲官之初，就立下不存發財之宗旨，所以他贏得人們的尊敬。他故去多年了，人們還在懷念他。這首要的是因爲他是一個清官。曾文正公説得好，既然選擇做官一路，就不要存發財之念。若想發財，你去經商好了。經商得來的金銀，哪怕堆積如山，老百姓不但不會咒駡，還會佩服，因爲這憑的是自己的一種本事。利用朝廷給予的權利，去巧取豪奪百姓血汗換來的錢財，那就是黑心腸，爛肝肺，不但本身捱駡是應該的，就是殃及子孫也是罪有應得。』

桑治平藉這一章大發議論。他並非要訓誡張之洞，而是隨處可見的貪官污吏，使他胸中憋了一肚

子氣，衹要一觸及到這個話題，他就會滿腔憤怒。

見他還要一個勁地說下去，張之洞不得不打斷：『仲子兄，不要說下去了，我理解你的心情。對於貪官污吏，我和你，和千千萬萬老百姓一樣的痛恨。從小起，身爲知府的父親便諄諄告誡我們兄弟：爲官之道，首在清廉。這句話，幾十年來我一直銘記在心。兄臺請放心，「不貪污」這一條，對別人且不論，對我張之洞來說，決不是難事。湖北學政任上三年，於例可得的一萬五千兩銀子，四川學政任上三年，於例可得的二萬兩銀子，我分文未受，全部捐獻給經心書院和尊經書院。有這段資歷在前，你應該相信我。』

『我相信你。你在湖北、四川的義舉，的確令人欽佩。不過，』桑治平強調，『學政到底不能跟巡撫相比。與學政打交道的是學官與學子，學官多清寒自守之人，學子乃在山之泉水，均知自愛。而巡撫握一省之大權，打交道者遍及士農工商。士農工好說，這商者之中真是魚龍混雜，以魚居多。爲獲取暴利，任何手段都使得出來。他們能以最爲巧妙之手段讓你受賄而不自知，受賄而心安理得。到時候，若讓我知道你有受賄情事，又規諫不悟的話，我會即刻拂袖而去。』

『假若我日後真的有受賄之事的話，不待你拂袖而去，我自己會先向太后、皇上請求處分，開缺回籍。好了，這第一章就說到這裏吧，你的第二章呢？』

『這第二章嘛，』桑治平摸了摸未留胡鬚的下巴說，『剛纔說過，到山西去是爲的做實事。所以我這第二章是，你不能以做官當老爺爲目的，而是要爲三晉百姓辦實事，每年至少要辦兩三件實事，切切實實地給老百姓帶來福祉。』

張之洞忙點頭：『這是自然的。做地方官，與做言官史官最大的區別，一在務實，一在立言。不

要看我張之洞這些年來都在做立言的事，其實我最看重的還是實實在在的業績。言官難免有空泛清高之失，而造福於百姓的實績，却是功德無量。這第二章我會做到的。假若一年下來，我沒爲三晉父老做幾件大實事，你儘管棄我而去好了。請問第三章。』

『香濤兄，』桑治平想了一下說，『此番我隨你去山西，純是朋友之間的私人幫忙。所以這第三章，是我的幾點要求：第一點，不管今後我爲你出了多大的力，你也不要在給朝廷的奏章中提到我的名字，更不要保舉我。』

『仲子兄，』張之洞打斷桑治平的話，『這我就不理解了。子青老哥說你有舉人的功名，乙榜入仕，也是正途出身，你爲何就不想得個一官半職，既可以光耀門第，日後又可以自己親手宰理一府一郡？』

桑治平說：『若在二十年前，我不但想積功保舉，做縣令知府，還想中進士點翰林，進軍機入相府哩！可是現在我已沒有這個念頭了，衹想爲國爲民做點實事。』

張之洞大惑不解，身領官職和做實事，二者並不矛盾呀！爲何要把它們如此對立起來呢？他知道隱逸者大多有一些怪癖，也便不再追問，且聽桑治平說下去。

『第二點，你也不要在官場士林中言及我。這樣，我還可以常常代你去市井鄉下私訪，爲你提供更多的實情。』

張之洞覺得這一點最是重要。處上位者，極容易壅於下情。如此，或師心自用，或偏聽偏信，許多有才幹又有心辦好事的官員，最後沒有辦成好事，其原因多半在此。假若身邊有幾個正直又貼心的人，充當自己通達下情的耳目，這個官就好做多了。難爲桑治平這樣屈己利人。他禁不住對着桑治平

一拱手：『仲子兄，你能這樣代我着想，真令我感激不盡。祇是你如此委屈自己，讓我過意不去。』

『我這樣做，絲毫不覺得自己受了委屈，你不要過意不去。』桑治平淡淡地笑著。

『行，就這樣說定了。』張之洞激動地握着桑治平的手說，『我不僅爲仁梃請了一位師傅，也爲我自己請了一位師傅。日後，請你隨時爲我糾誤正謬，以匡不逮。』

『言重了，香濤兄！』桑治平動情地說。

兩雙滾燙的大手緊緊地握着。好長一會兒，張之洞鬆開手，對桑治平說：『剛纔你的約法三章，我都依了，現在我向你提一點小小的請求。』

『什麽事？』

『你不願爲醇王府畫畫，也罷了，我不爲難你。』張之洞眼望着墻壁上的古北口圖說，『你這幅畫，我太喜歡了。連綿的群山，古老的長城，正是我們華夏雄偉山川和輝煌歷史的一個縮影。至於這座高高聳立厚實堅固的古北口關樓，我想正可以作爲受太后、皇上之命，出巡一方的大吏的象徵。我此番受命撫晉，就要像古北口關樓守住山川長城一樣，爲朝廷把守三晉要地，外防洋人從西北侵入，內鎮姦佞從腹心作亂，讓百姓安居樂業，使山西成爲真正的完富之省。仲子兄，你把這幅畫送給我吧，我要把它懸掛在巡撫衙門的簽押房裏，讓它天天激勵我，鞭策我。』

『說得好極了！』

桑治平興奮地從墻上取下古北口圖，卷好，雙手遞給張之洞：『這畫就送給你了，願你一諾千金，說到做到。』

張之洞鄭重地接過畫卷，凝重的目光遙望着窗外。初冬的子夜，一輪滿月正高高地掛在半空。溶溶月色之中，懸崖峭壁顯得更加幽遠瓌奇，深不可測；千年古長城宛如一條盤旋前行的蒼龍，欲騰空飛躍；巍巍的重檐關樓，就像一位威武森猛的大將軍，怒目按劍，巋然屹立。古北口冷清的冬夜，是多麽强烈地震撼着未來晉撫的心弦啊！

張之洞將畫貼在胸口上，像是回答桑治平的話，又像是喃喃自語：『一諾千金，說到做到。燕山爲證，長城爲證，古北口關樓爲證！』

五 來到山西的第一天，張之洞看到的是大片大片的罌粟苗

第二天，張之洞與桑治平約定，半個月後在京城相會。

回到京師，張之洞立即被煩雜的應酬所包圍：清流黨人的宴請，張佩綸、陳寶琛、寶廷等關係最爲密切的老友的懇談，翰苑同寅的相邀，山西籍京官的戲酒，弄得他天天神志紛雜，疲憊不堪。他極不情願應付這種場面，但出任巡撫乃天大的好事，請宴的這些人又都是多年的老朋友，怎麽能推辭呢？

山西在北京城裏的幾家大票號的老闆，聯合在前門外大街最有名的一家羊肉館、乾隆皇帝當年駕臨過的南恒順擺下十桌酒席，三天前便給張府送來了尺餘長的燙金大紅請柬，並邀集一批巨賈名流作陪。張之洞接到這份請柬後十分爲難。前些日子那些宴請，雖說也包含着明顯的功利目的，但畢竟還有一份温情脈脈的舊時友誼在內。這些票號老闆，過去與他没有絲毫往來，說得上『情』和『誼』嗎？儻若不是外放山西巡撫，他們會獻出這份濃烈的殷勤嗎？這不是露骨的討好巴結，能說是什麽呢？剛剛戴上珊瑚紅頂的清流名士，厭惡地將這張大紅請柬甩在地上。

這時，從古北口趕來的桑治平剛好踏進張之洞的家門，笑着說：『發誰的脾氣哩，把這好的燙金帖子扔到地上。』

『仲子兄，你來了！』見桑治平提前兩天來到京師，張之洞很高興，忙親自接過他的行李包，說，『是山西一批票號老闆聯合請我的客，我纔不要他們巴結哩！』

桑治平彎腰拾起帖子，將上面的名單掃了一眼，說：『這都是一批財神菩薩呀，你去山西做巡撫，沒有他們的支持可不行。』

一句話提醒了張之洞：是的，此去山西，天天要和錢糧打交道，怎麽可以再像過去那樣清高，不理世俗呢？但張之洞心裏實在是不願和這些惟利是圖、姦猾成性的錢莊老闆打交道。他望着桑治平說：『這餐飯我實在不願意去喫，你說怎麽辦？』

桑治平說：『飯不去喫可以，但不能掃他們的面子，你日後用得上他們的時候多啦！』

他思忖一會兒說：『泰裕票號是實力最强的錢莊，它的老闆孔繁崗經商有道，是山西票號老闆們的領袖。他的名字排在第一位，顯然這次宴請是他發起的。他的面子你一定要買。你不妨給他寫一封措辭委婉的信，就說深謝諸位的好意，衹因日內要入朝向太后、皇上陛辭，不能分心外騖。此次承乏貴鄉，尚望多多惠顧，明年我們在太原再共飲一盃吧！』

張之洞笑着說：『還是你這個辦法好，飯沒有去喫，人也沒有得罪。』

第二天，泰裕錢莊的大掌櫃親自來到張府，送上一張萬兩銀票，還有孔繁崗一封『權當程儀，萬望笑納』的極盡謙卑客氣的親筆信。

還沒離開北京，賄賂就已經開始了，張之洞不得不佩服桑治平的先見之明。按照他的脾性，真想當面撕毀銀票，把來人轟出去。不過，桑治平昨天說的話十分有道理，的確不能那樣對待這些財神菩薩，看來桑治平有這種內方外圓的處事才能。張之洞把這事交給他，要他代自己全權辦理。

約半個鐘點後，桑治平笑眯眯地走進書房，對張之洞說：『事情辦好了。』

『你是怎麽打發他們的？』

桑治平說：『我對泰裕大掌櫃說，孔老闆的盛意心領了，但程儀不能接。因爲朝廷已經發下，再收別人送的程儀，便是嫌朝廷的程儀發少了，對朝廷不恭。這一萬兩銀票請璧還給孔老闆，說不定今後會遇到意外的短缺，那時再來向孔老闆討。泰裕的大掌櫃聽我這樣說，很滿意地收回銀票，並說，今後若有用得上泰裕票號的地方，張撫臺儘管吩咐。』

張之洞說：『這樣最好。你想得周到，今後是會有不少公益事，要那些財神爺出錢的。』

桑治平說：『這些事太煩神了，我給你掛個免戰牌吧！』

桑治平拿起紙筆來寫了幾個字：打點行裝要緊，一切應酬謝絕。他問張之洞：『把它貼到大門口去如何？』

張之洞說：『行。有關啓程的許多事宜，我們得安安靜靜地考慮了。』

按照通常的規矩，新任巡撫踏入本省境內的第一天，要舉行一個隆重的歡迎場面，一位道員級的官員受現任巡撫的委託前來迎接，然後坐上八擡大轎慢慢行走，沿途宿在官方設立的驛站裏。每路過一個縣境，該縣的知縣必到交界處恭迎。沿途一切，皆由前來迎接的官員安排，新任巡撫不用操半點心，坐在大轎裏閉目養神，或沿途看風景，優哉遊哉。有的接待官員爲討歡心，甚至在半途上，還會

悄悄地讓一個年輕漂亮的女人進轎來，陪着巡撫大人説話解悶。幾乎所有的新巡撫，都是這樣一路舒舒服服地來到省城，然後在巡撫衙門裏接過前任交上的大印、王旗，開始正式視事。

桑治平建議張之洞不這樣做，而是來個微服私訪。這是個好主意！張之洞在童年時代就聽説過不少微服私訪的故事。在老百姓的心目中，能够微服私訪的官員都是好官。現在輪到自己來做一方大吏了，正好親身嘗嘗微服私訪的味道，尤其是未到任之前更好。整個山西省，眼下無一人認識你，正好藉此良機多訪訪下情。上任之後再要微服訪查，多少有些障礙。

他將北京的家和仁梃、準兒，都交給長子仁權夫婦和女僕春蘭等人照管，待山西那邊一切安頓妥貼後再接過去。冒着暮冬的寒風大雪，張之洞帶着桑治平和大根離京上路了。

張之洞和桑治平都着青布棉長袍，外罩一件厚羊皮馬褂，看起來就像兩個年關將近回家度歲的塾師先生。大根則短衣綁褲，一副下人打扮。爲防意外，他在腰間扎了一根鏈條。這根鏈條是他父親留下的，精鋼打就，細細的有八尺長，剛好在腰上圍三圈。危急時，它是極好的防身武器，揮舞起來，三五條漢子近不得身。平素，又可當繩子使用。出遠門時，大根總是帶着它，圍在腰間，外褂一罩，誰都不知道。

三個人僱了一輛騾車，順着直隸官馬大道南下。一路上或談詩書掌故，或談眼中所見的民風，説説笑笑，曉行夜宿，倒也不覺勞累。大約走了半個月，這天傍晚，三人來到直隸和山西的交界處娘子關。

娘子關屬山西平定縣。這一帶地勢高峻，山嶺連綿，惟有此處低窪，形成一條較爲平坦的大道，可供車馬通行，如同咽喉一般，扼控着山西與直隸兩省的往來。自古以來，此處便築關設卡，成爲兵家必争之地。唐高祖李淵在太原府起兵反隋，委派女兒平陽公主帶一支女兵駐紮於此。娘子關一名，便由此得來。

張之洞久聞娘子關大名，然從未來過。他對桑治平説：『上次在古北口，你説你十多年前也是由此處進的山西。』

桑治平説：『是的，由京師到太原，衹有這一條大路。我當時也是由此進山西的。』

『那你是舊地重遊了，明天給我們當個向導吧！』

第二天一早，三人穿過娘子關，進入平定縣。桑治平笑着對張之洞説：『從此刻起，我們就進入了你的領地，變爲你的子民了。』

張之洞也笑着説：『還没有接過大印、王旗哩，我還管不了這塊土地。』

大根説：『趁着這幾天還未接印，四叔你多走些地方，一接過印，就没有自在工夫了。』

張之洞感嘆：『大根這話説得對，一入官衙，則身不由己。』

桑治平説：『所以我一生不做官，没有管束，倒也自由自在，痛痛快快的。』

三人一邊説，一邊來到内城下。

桑治平説：『登娘子關都是從内城門上，外城門不能上。』

大根笑道：『山西人自私，修了個關樓，衹能讓本省人上。』

張之洞説：『大根這話錯了。自古設關，都是爲着防備別人的，當然外面不能上，衹能從裏面上。』

娘子關樓不高，大家很快便登上了樓台。樓台上有幾個守關的兵丁。通常時候，關樓任遊人上下

走動，兵丁並不過問。

張之洞在樓台上信步走着，遥望娘子關内外形勢。這裏果然是晉冀兩省的天然分界處。關樓南北均是一眼望不到邊的蜿蜒山嶺，猶如一道屏障般地把華北大地分成兩處。關樓北側的桃河，水流湍急，氣勢奔放，給娘子關增添無限風光。

張之洞對站在一旁眺望遠方的桑治平説：『此地形勢，真是險要無比，一夫當關，萬夫莫開，説得一點都不錯。』

『是的。』桑治平説，『所以當年李淵造反，派一隊娘子兵把守此地，關外的數萬隋兵就是進不來。』

『戰國時代，韓、趙、魏三家都是强國。我今天登上娘子關，看關西山河，的確有一股雄奇之氣。但爲何這幾十年來，山西却貧瘠不堪呢？』張之洞望着桑治平問道。

『這就是要你撫臺大人前來解答的問題哟！』因張之洞提到了韓、趙、魏三國，桑治平突然想起一個比娘子關更有意思的去處。『香濤兄，當年趙氏孤兒，你知道被藏在哪裏嗎？』

那還是三晉未曾分離的時候，晉國大夫趙朔被晉景公殺害。趙朔死前將遺腹子託付給門客程嬰，程嬰以自己兒子的一條性命换來趙氏孤兒趙武的性命。後人把這段故事搬上舞臺，便是有名的《搜孤救孤》。

張之洞説：『聽説程嬰帶着趙武，在一座大山裏隱居下來。不過，我不知道是在山西哪座山裏。』

『就在附近的山裏呀！』桑治平得意地説。

『真的？』張之洞興奮地問，『這座山叫什麽山？』

『原叫盂山，就因爲躲藏了趙氏孤兒，就改名藏山了，離此地祇有三四十里路。』

『山上有什麽東西可看嗎？』張之洞最喜名山勝水，尤其是那些與歷史典故相聯係的山水，若在不遠處路過，他是非得繞道去看看不可的。

『有哇，我那年去看過。』桑治平興致盎然地説，『那裏有亭閣廟宇，有龍鳳二松，還有祭祀程嬰、公孫杵臼等人的報恩祠，還有藏孤洞，還有傅山的題詩。』

『傅青主的題詩，你記得幾句嗎？』張之洞欣喜地問。

傅山字青主，是明末清初山西籍的大學者、大書畫家、大醫學家，他拒絶接受康熙皇帝給他的高官，一直在家鄉過着清貧的布衣生活，在山西民間享有極高的聲譽。

『我還大致背得。』桑治平定定神，背了起來，『藏山藏在九原東，神路雙松謖謖風。霧嶂幾層宫霍鮮，霜臺三色緑黄紅。當年難易人徒説，滿壁丹青畫不空。忠在晉家山亦敬，南峰一笏面樓中。』

『那我們去看看！』張之洞思古之幽情立即被傅山的詩激發出來。『仲子兄，你帶路吧！』

三人順着桃河河谷向西偏北方向走去。一陣陣西北風迎面吹來，風乾冷而勁厲，給三晉大地帶來的是一片蕭瑟肅殺之氣。百姓都躲在泥棚子裏猫冬去了，荒原上的泥土和生物都凍得硬硬的，整個世界仿佛祇有他們三個人在野外行走。但新上任的山西巡撫的心中却並没有寒意，他在熱情充沛地構思整治這塊土地的宏圖大計。

張之洞冒着刺骨的冷風，邊走邊對桑治平説：『山西在古代也是富庶之地，現在變得如此貧苦。我看一是官吏没有治理好，二是百姓不勤勞。你們看眼下天氣雖冷，但户外還是有很多事可做，可大家都縮在家裏，一個都不出來。這種習慣今後要改過來。』

大根笑着說：『這麼冷的天，土都凍得跟石頭一樣，您要他們出來做什麼呢？』

張之洞說：『怎麼没有事做？事在人爲嘛！可以上山打獵挖藥材呀，可以外出跑單幫呀，還可以放牧呀，可做的事多啦。』

桑治平說：『我漫遊過許多地方，發現一個地方有一個地方的風尚。風尚不同，氣象也就不同。比如海邊的人特別信運氣，所以敢於冒險的人多。淮北一帶强梁人受推重，故那裏多鹽梟馬賊。山西這地方的鄉民的確比較懶散，怕是貧苦的一個主要原因。』

張之洞指着桃河兩岸說：『這一帶土地平坦，又有河水可以澆灌，應是良田沃土，可惜也没有耕種好。』

大根突然有所發現。他指着前方對張之洞說：『四叔您看，那邊長滿了莊稼，看來這地方還真是好田土哩！』

順着大根的手勢，張之洞看見前邊平整的土地上，果然生長着許多小樹苗樣的植物。再一看，遠遠近近都長着這種東西，放眼看桃河兩岸，也盡是這種小樹苗。張之洞奇怪地說：『這是些什麼東西，好像從没見過，咱們走近去看看。』

大家快步走上前去。

這都是些一兩尺高、拇指頭粗細黑褐色的秆秆，有的主幹上還長着更細的枝條，無論是主幹還是枝條，都没有一片葉子，哪怕是凋敝後掛在上面的殘葉也没有，一律在寒風中瑟瑟索索地抖動着。若不是成片成片地栽種，這種東西無論長在哪裏，都不會引起人們的注意。

『這是什麼莊稼？』張之洞彎下腰去，仔細盯着這些光秃秃的秆秆，疑惑地問着身邊的桑治平和大根。張之洞生長在官府人家，從小在書齋裏讀書習字，這些年做的也是學官和京官，對於鄉村裏的農作物不太熟悉。

大根瞪着眼睛看了半天，摇摇頭說：『我也没見過。山西和直隸差不多，喫的也都是麥子、高粱、包穀、紅薯等等，没聽説他們還喫别的什麼糧食呀！桑先生見多識廣，您看呢？』

桑治平已將一根細秆從泥土裏拔了出來，從頭到根部細細地驗看着。他想起十多年前也是從這條路上去藏山的。那時是夏天，一眼望去，桃河兩岸簡直是鮮花的世界。遠遠近近，密密匝匝地開放着紅的、紫的、白的、淺黄的各種顔色的花朵，流光溢彩，香氣襲人，一群群蜂蝶在花叢中忙忙碌碌地穿梭飛行，更給鮮花世界增添一派蓬勃生氣。桑治平遊歷大半個中國，還没有見到過這等絢爛至極的美景。他懷疑自己走錯了路，如同武陵人誤入桃花源似的，踏進了人間仙境。登上藏山後，他眺望四野，竟然發現藏山脚下廣袤的土地上，一望無際地全是這種令人眼花繚亂的鮮花。他以羡慕不已的心情問當地人，答曰：『這是罌粟花，鴉片就是從這裏出來的。』

桑治平一聽『鴉片』二字，剛纔滿腔的愉悦頓時煙消雲散，心緒一下子變得悲涼起來：這種害人的毒品，怎麼會如此光天化日之下大量種植？官府爲何不禁止？後來，桑治平在山西許多地方都看到這種大片大片明亮絢麗的鮮花世界，他的心情再也高興不起來了。

他從種花人那兒知道，罌粟是兩年生的植物。先年九月播種，秋天發芽，越冬生長，第二年夏天開花，秋天結菓。現在正當秋天發芽的那些罌粟苗拔秆生長的時節。如此看來，這必是罌粟無疑了。

他臉色凝重地將這個判斷告訴張之洞。

張之洞聽後大喫一驚：『這麼好的河谷之地怎能種鴉片，這不是從老百姓的口中奪食嗎？』

他用憤怒的目光重新將四周打量了一遭，心情變得沈甸甸的。他突然覺得，壓在他肩上的『山西巡撫』這副擔子，將會是異常的沈重！攀登名山、憑弔古跡的文人雅興，立時被當家人的責任感驅趕得一乾二淨。他斷然扭過身子：『不去藏山了，咱們去找幾個鄉民問一問！』

在重返通往太原府的官馬大道兩旁，張之洞又發現許多連片的罌粟苗，却沒有看到多少越冬的麥苗。他不停地發出感嘆：『不種莊稼種毒卉，這是怎麽回事嘛！』

前面人煙房屋漸漸多起來，馬道左側有一個石柱，上面刻着『蔭營鎮』三個大字。

張之洞對大根說：『你先走一步，到鎮上找家乾淨的小酒店。我們到那裏去喫午飯，順便跟店家聊一聊。』

一會兒，大根返回來說：『蔭營鎮上衹有一家小酒店，又小又不乾淨，怎麽辦？』

張之洞說：『入鄉隨俗，乾淨不乾淨，不去管它了，衹要有人聊一聊就行。』

三人來到酒家門口。沒有招牌，也沒有店名，惟一的標誌是門前插一根丈餘高的木杆，上面懸掛一塊寫着斗大『酒』字的布簾子。一個披着一身破舊羊皮袍的中年人在門口招呼。

張之洞對桑治平說：『這可應着陸放翁的一句詩了。』

『衣冠簡樸古風存。』桑治平笑着答。

『正是，正是。』

三人走進酒店，裏面擺着四張破舊發黑的白木桌子，旁邊有的有凳子，有的沒凳子。中年男子掏出一塊髒兮兮的抹布，放在一張較爲完整的桌面上，一邊抹一邊滿臉堆笑地招呼：『客官請坐這裏。』同時順手將鄰桌的一條長凳子拉過來，給這張桌子湊上三條凳。

張之洞一行來到這張桌子邊。

大根問：『你這裏有什麽東西好喫？』

『我的店雖小，但什麽東西都有。』中年男子笑着說，『有牛肉、羊肉、鷄肉，有饃，有餅，還有好酒：杏花村、汾河春、娘子酒都有。』

『娘子酒是什麽酒？』大根好奇地問。

『這娘子酒是唐代傳下來的。據說是當年守娘子關的平陽公主釀造的。酒不烈，最適宜女人和不大會喝酒的人喝。客官要不要來兩斤嘗嘗？』

中年男子操一口濃厚的鼻音敘說着。張之洞見他口齒尚伶俐，心裏想：此人心裏看來尚明白，查訪，就得找這樣的人。便微笑着說：『你是店家嗎？』

『店是我開的。』

『貴姓？』

『小姓薛。』

張之洞笑道：『薛仁貴的後代了。』

『不敢當。薛元帥雖是我們山西的大英雄，但我家世代貧窮，可能不是薛元帥的後代，不敢高攀。』

薛老闆笑着說，雖否認是薛仁貴的後代，但看得出他還是喜歡聽張之洞這句話的。

張之洞說：『打兩斤娘子酒，再炒四個菜，烙一斤半餅。』

薛老闆答應一聲後走進廚房。沒有多久，酒、菜、餅都上了桌。

張之洞說：『薛老闆，你跟我們坐坐，說說話，我請你喝酒。』

薛老闆忙推辭。

桑治平説：『這位張先生去太原城一家票號做事，第一次來山西，對這裏的事很感興趣。他請你喝酒，没别的意思，衹是想聽聽你説點當地的風俗習慣，隨便聊聊，不要客氣。』

薛老闆聽説是去票號做事的先生，暗想：這或許是個賺大錢的人，跟這種人聊天，説給鄉親們聽，也是件臉上光彩的事。他不再講客氣，又從一旁桌子邊拉過來一條凳。四方桌，剛好一人坐一方。

大根給大家斟好酒。張之洞嘗了嘗菜。四道菜，道道菜都是酸酸的，除開酸味外，幾乎辨不出别的味道。他想，山西人愛醋，真正不假。

張之洞和薛老闆漫無邊際地聊着天，作爲一省的最高官員，他對山西的一切都有極大的興趣。

『你們蔭營鎮屬哪個縣？』

『屬平定縣。』

『縣太爺你們見過嗎？』

『您取笑了，我們怎麽可能見得到縣太爺？縣太爺在平定做了六年的縣令了，衹到過我們蔭營鎮一次。』薛老闆回憶着，『那一天午後，我正在店裏收拾桌面，突聽得一陣「哐、哐」的鑼聲傳來，有人説，縣太爺來了。我趕緊出去看熱鬧。衹見一隊握着明晃晃刀槍的兵丁走在前面，後面是八個敲銅鑼的衙役。再後面是四個舉牌子的大漢，大漢後面一頂大轎子，轎簾遮得嚴嚴實實的，别人説縣太爺就坐在裏面。轎子後面又是一隊兵丁。這一隊人馬直朝鎮上大財主韓家走去。説是韓家爲接縣太爺，已做了五天五夜的準備。』

張之洞聽了這段演叙，心裏暗暗喫驚：一個七品銜的官，在京師真可謂芝麻緑豆一點兒大，想不

到在地方做了個縣令，便如此鋪張排場，真是可怕，何况山西是這樣一個貧瘠之地！

張之洞又問：『老百姓的日子過得下去嗎？』

『唉！』未及答話，薛老闆長長地嘆了一口氣，『張老爺您不知道，我們這裏的老百姓苦哇！』

薛老闆端起酒盃，慢慢地喝了一口娘子酒，手邊的筷子却没動。放下酒盃，他又嘆了一口氣。

『光緒三年大旱，我們這裏方圓幾十里顆粒無收。四年，老天爺幫了點忙。五年、六年，連續兩年又旱，至今尚未恢復元氣。冬天没有衣服穿，出不了門的，十家有五六家。春荒期間，出外討喫度日的，十家有二三家。勉勉强强，可以用雜糧野菜度日的，十家衹有一二家。至於喫好穿好的，百家難有一家。我們蔭營鎮，也衹有韓家富足。他家祖上有人做官，留下兩三百畝好地，現在又有人在太原衙門裏做事，有些頭臉，衹有他家的日子好過。』

桑治平和大根聽後，心裏悶着氣。

張之洞面色凝重地問：『百姓生活苦，除天旱外，還有别的原因嗎？』

『除天旱外，官府的勒索也是一個大原因。差徭啦，攤派啦，一年到頭不斷，老百姓簡直没有伸腰的時候。比如小店裏這些肉和餅等食物，附近老百姓是一年到頭都喫不上的。不瞞老爺説，我們自家人也喫不起，這都是爲過往客官準備的。我就是靠這個小店，一家五口人纔勉强過日子。』

『薛老闆，我們在蔭營鎮四處看到一大片一大片的黑色苗杆，請問那是什麽莊稼？』張之洞没有説出罌粟的名字，他希望從店家的嘴裏得到證實。

『張老爺，那哪是莊稼，那是罌粟苗。』薛老闆不用思索，便一口回答了，心裏想：這位老爺大概是從不出門的人，連罌粟苗都不認識！想到這裏，他覺得實在有必要再補充兩句，『這罌粟，就是用

來熬鴉片膏的。您是有錢人，鴉片菸一定是吸過的。』

『我没有吸過鴉片菸。』張之洞冷冷地説。

薛老闆見這位張老爺頓時沈下臉來，心裏有點不安，他不知自己剛纔的話錯在哪裏，正思離開飯桌，一眼瞥見門外有兩個人正在朝酒店走來，便悄悄地説：『門外兩個人是我店裏的常客。那個矮胖子是專做鴉片生意的，另一個瘦長子是陽曲縣的師爺。他們倆今天結伴一起了，等下我招呼他們與您坐一桌，您正好和他們聊聊天。』

説話間，矮胖子和瘦長子進了門。薛老闆滿臉堆笑地迎上前去，把他們二人領到張之洞的桌子邊，異常熱情地介紹：『這是太原府票號裏的張老爺。』

矮胖子和瘦長子一齊抱拳：『久仰，久仰！』

張之洞對鴉片深惡痛絶，若在平時，他是決不會理睬這個做鴉片生意的矮胖子的，但現在爲訪實情，不得不改變態度。於是站起來，伸出一隻手，做出一副江湖豪爽的氣概來，笑着説：『我們能在此處見面，也是緣分。我做東，請二位賞臉，在我這裏喝幾盃。』

轉過臉對薛老闆説：『你再打一斤汾河春，添兩盤牛羊肉來。』

矮胖子、瘦長子忙説：『張老爺太客氣了，這如何使得！』

大根坐到桑治平的身邊，把自己那一方座位讓出來。客套一番後，鴉片販子和師爺都坐了下來。

薛老闆也將酒和肉端了上來。

鴉片販子自我介紹：『敝人姓陳，是個生意人，衹要有錢賺，什麽生意都做。』

師爺也自我介紹：『敝人姓杜，在陽曲縣衙門混碗飯喫。請問張老爺在太原府哪家票號坐莊，敝

人日後去太原，也好前去拜訪拜訪。』

杜師爺這句話把張之洞給噎了。他從没去過太原，如何知道太原城裏有哪幾家票號？桑治平想起了那張燙金請柬，忙代爲回答：『張老爺在泰裕票號幫忙。杜師爺到太原時，還請賞臉光臨。』

『哦！泰裕票號，那可是太原城裏的最大票號呀！』杜師爺笑得滿臉泛起數不清的皺紋。『我有幾年没去太原城了。泰裕的孔老闆和我很熟，我們是老朋友。』

其實，這個杜師爺與泰裕票號的老闆孔繁崗連面都没見過，衹是聞其名而已，順手把這個大闊佬拉來做朋友，無非是在陌生人面前擡高自己的身份而已。

『鄙人一向在京師做事，這次受朋友之託去泰裕票號，連山西都還是第一次來哩。』張之洞怕杜師爺再來問他孔老闆及泰裕票號的事，遂先把情況説明白。

聽説張之洞還没有去過太原，杜師爺放心大膽地吹噓了：『孔老闆是個仗義疏財的好漢子，和我最是投緣了。我每次到太原，他都要親自來客棧看我，請我上城裏最好的酒樓。你今後在孔老闆手下做事，他不會虧待你的。』

杜師爺滿滿地喝了一口汾河春，又挾了一大塊牛肉在嘴裏死勁地嚼着。大根看在眼裏，心裏想：這怕不是一個師爺，説不定是哪個師爺家混白食喫的餓鬼。

張之洞問陳販子：『聽酒家説，你這幾年在山西做鴉片膏生意。請問你，這山西種植鴉片的情況如何？』

鴉片自明代輸入中國後，兩三百年來在中國經歷了一段曲折的過程。最初，鴉片是作爲一種功能神奇的鎮痛藥進口的。稍後，一種鴉片與菸草混合吸食的方法傳了進來。這種混合品吸了後，遠比單

獨吸菸草過癮。它能使人精神亢奮，情緒激發，一旦上癮後，則非吸不可，然長久吸食，人就慢慢變得乾枯黑瘦，神志頹靡。到後來，吸食鴉片煙泡的方法，在廣東被人無意間發明。這種鴉片煙泡比混合品效力更大，它使人吸後感覺更舒服，更容易上癮，毒害人也更厲害。吸鴉片者一個個骨瘦如柴，精神昏墮。英國商人見鴉片有大利可獲，便通過海船把鴉片大量運進中國。

中國的白銀源源不斷地外流，國人則一天天的虛弱頹廢，這個局面引起了有識之士的注意。他們預見到，長此下去，中國必定會亡國滅種。從嘉慶朝開始，朝廷屢有禁煙的上諭下達，但地方上不予理睬，禁煙令成爲一紙空文。

真正認真執行禁煙命令，雷厲風行開展禁煙運動的，是著名的林則徐。他以欽差大臣的身份南下廣州，坐鎮禁煙第一綫，與英國商人堅決鬥爭，並在虎門銷毀了英國煙商二百多萬斤鴉片。

虎門禁煙，大長中華民族的志氣，大滅英國姦商的威風，是一次中國人民自尊自重自强自立的偉大愛國壯舉。然而，此舉招來了英國的瘋狂報復。他們用鐵艦大砲逼得道光皇帝屈服，不僅嚴厲處分禁煙的英雄林則徐，還簽下屈辱的南京條約。從此，英國的鴉片又大量地向中國傾銷。

外國的鴉片不能禁止，便有人提出乾脆弛禁，對進口的鴉片索取高稅，並允許中國民間種植罌粟。一來以此抵制外國鴉片的大量傾銷，阻止白銀外流，二來國家課以重稅，增加國庫收入。那時，朝廷正與太平軍在江南激戰，軍餉極缺，衹要能變出銀子來，什麼事都可以做。這個建議立即被採納。朝廷公開向『洋藥』（外國進口的鴉片）和『土藥』（國內自産的鴉片）一齊收稅。於是，鴉片交易成爲一種合法的買賣。國內開始大量種植罌粟，公開生産鴉片，其中尤以雲南、貴州、四川、山西、陝西等省爲甚。

到了同治末年，太平軍和捻軍相繼撲滅，內地大規模的戰爭逐漸結束，軍餉的緊張程度略有緩解。於是，鴉片煙帶給社會的嚴重禍害，又引起朝野有識之士的憂慮，要求禁煙的奏疏紛紛遞進大內。朝廷再次禁煙。

世界上不管什麼事情，儻若反覆折騰幾次，此事必定辦不好；也不管多麼大的人物，儻若他一而再地朝令夕改，此人必定没有威信。

禁煙，這樣一場包含錯綜複雜的利害關係在內的全國性的大事，如此禁而弛、弛而禁，它如何會辦得好！身爲九五之尊，出爾反爾，言而無信，他如何能樹立威信！因而，各地種罌粟的、熬製鴉片膏的，以及吸煙販煙的人，全然不把禁煙的命令放在眼裏，如同廢紙般地看待那些皇皇上諭。

陳販子便是對抗者之一。他並無半點顧忌地告訴張之洞：『山西全省各地都有種罌粟的。盂縣、平定一帶還不算最多，種植面積最大的在晉南曲沃、垣曲、運城那些地方。』

桑治平問：『據你看來，山西種植罌粟的土地有多少？』

陳販子摸了摸瓜皮帽説：『具體有多少畝地我也説不上，依我看，山西的好田好土總有一半種上罌粟苗了。』

這句話令張之洞大爲喫驚，沈重的心緒又加重一分。他疑惑地問：『種這東西究竟有多大的獲利？』

『獲利大着哩！』一觸及到『獲利』二字，鴉片販子頓時來了神。『我這幾年在山西收購鴉片膏，按成色分上中下三等。上等一兩二錢銀子一斤，中等一兩，下等七錢。收成好，一畝地可收鴉片膏五十斤到六十斤，最不好的也有三十斤左右，通常可收四十多斤，也就是説可賣到四十多兩銀子。若不

種罌粟而種莊稼的話，即使種麥子，又收成好，一年下來，也祇能得到三四兩銀子。若種包穀、高粱等雜糧，則祇有一二兩銀子的收入。罌粟苗是先年秋天下種，第二年秋天收穫，就按兩年計，一年也可收入二十多兩銀子，是種莊稼的六七倍。』

『怪不得都種這號東西，不種莊稼了。』大根恍然大悟。他舉起酒壺，一邊給陳販子斟酒，一邊問，『這東西怎麼變成了鴉片膏的？』

『這很簡單。』陳販子笑着說，『每年七八月間，罌粟花凋謝半個月後，就有一個個小青包出來。這就是罌粟菓。每天晌午過後，用大鐵針將罌粟菓刺三五個小孔，立即便有羊奶一樣的東西從菓內流出來，凝結在菓皮外。過一夜，到第二天早晨，用竹刀刮下來，放進陶盆裏，再陰乾，變成一塊塊的。成色好的是黃黑黃黑的，不好的是烏黑烏黑的。這主要與氣候土地有關。這就是鴉片了，但是生的。』

『有生的，就有熟的了。』大根好奇地問，『熟的鴉片又是怎麼製出來的呢？』

『有幾種辦法。』鴉片販子以一種行家的口氣說，『一種是煎熬。將生鴉片用木炭文火輕輕地煎，慢慢地熬。一種是發酵，像發麵一樣的，加一點酵母進去，讓生鴉片發開，再放到風口上風乾。第三種是將生鴉片放進陶罐子裏，加進上好的山泉水，用火來煮。煮乾後，再加水接着煮，一連煮乾三次，就行了。這三種辦法，手法不同，目的一個，都是用來去掉生鴉片中的雜質和那一股不大好聞的生氣。熟鴉片是棕色的，頂好的熟鴉片有一種亮光光的感覺。熟鴉片燒成煙泡，吸起來，又醇又香，效力又大。』

大根從來沒有嘗過鴉片煙的味道，聽鴉片販子這麼說，禁不住問：『鴉片煙吸起來是個什麼味道？』

『我來說給你聽。』杜師爺在一旁，如同聞到鴉片煙香，早就喉嚨癢癢的了，眼下沒有鴉片吸，說一說也可以解解渴，過過癮。『小兄弟，你聽我說。先點起小小的亮亮的煙燈，罩上透明的沒頂的燈罩，再將一小塊熟鴉片往瓷盆上一放，把一根長長的細細的煙匙往瓷盆上一擱，然後再懶懶地鬆鬆地往煙床上一躺，斜斜地彎彎地用煙匙挑起一粒黃荳大的鴉片膏，慢慢地耐煩地在燈罩邊烤。等鴉片膏漸漸地膨脹擴大，成了一個小泡的時候，再抱過一杆兩尺多長的煙筒來，將煙泡往煙鍋裏一放，再對着沒頂的燈罩上點燃，這就可以抽吸了。』

杜師爺的唾沫滿嘴湧出，他喝了一口酒，狠狠地將這些饞水壓進肚裏，繼續侃道：『吸一口，滿嘴噴香，渾身來勁。吸兩口，通體舒服，神清氣爽。吸三口，胸懷暢適，心境豁然。吸四口，眼前一片光明燦爛，景星慶雲。吸五口，靈魂出竅，升入天堂。那時天地間光彩輝煌，心臆間祥雲奔湧，一切煩惱都飛到爪哇國外，頃刻間便有飄飄然羽化登仙之感。世上一切樂趣，此時都不算樂趣了，惟有這吸食鴉片之樂，纔是人間至樂。』

杜師爺嘴停了，但眼並沒有睜開。他這一番對人世間至樂的描繪，已讓他自己先出神入化，不能自拔了。

大根也聽得有點入迷了。他想：此刻若有可能的話，他一定會照着杜師爺所講的程序一步步去做，連續吸它五大口，親身領略飄飄然羽化登仙的樂趣。

張之洞鄙夷地望着黑瘦乾枯的陽曲縣師爺，心裏罵道：你們這批上癮入魔的鴉片鬼，看本撫臺如何來收拾你們！

他強壓心中的惱怒，問：『杜師爺，鴉片煙如此之好，那你一定是常常吸了。陽曲縣衙門裏別的

人吸嗎？聽説鴉片煙是夜晚吸，影響白天的公事嗎？』

杜師爺嘿嘿笑道：『不瞞張老爺説，鄙人衹要手頭有點錢，便會送給那個煙燈去燒掉。陽曲縣從縣令到衙役，無人不吸。咱們的徐太爺，更是天天都要過過這個癮。他老人家舒服，吸煙的銀子自有人送上門來，不像我們這些人還要爲此發愁。徐太爺每天上半夜喝酒打牌，下半夜吸煙聽曲，天亮時纔上床睡覺，日上三竿還在夢中。午飯時纔醒過來，每天也衹有午後兩個時辰纔辦點公事。也不知哪輩子積的德，不到四十歲的人便享福如此。我杜某人這一生，哪怕能過上一年這樣的日子，死了也心甘。』

陽曲縣師爺這幾句發自肺腑的讚嘆，令張之洞的心冷到冰點。全省一半的好田土不種莊稼而種毒卉，已令他心痛氣悶，但那是愚民爲了謀生而走的邪道，雖令人傷心，却尚情有可原，而堂堂的陽曲縣官府，竟是讓這樣一批貪吸鴉片、貽誤公事、揮霍民脂、縱情享受的昏官混吏把持着，這怎麽不令人心摧膽裂、悲憤填膺！陽曲乃太原府首縣，在全省百餘個州縣中處於領袖地位。陽曲如此，偏遠之縣必更甚之。這樣一個破爛不堪的山西省，張之洞呀，看你這個巡撫如何當下去？你籌謀的宏圖大願能實現嗎？

張之洞這樣思來想去，眼前的酒肉再也無心喫了。杜師爺、陳販子還在興致十足地與大根、桑治平高聲談笑着，他却一句也没聽進去。

『我倒要去會一會這位徐太爺！』張之洞在心裏尋思着。

六　遭遇的第一個縣令便是鴉片鬼

離開蔭營鎮的第三天上午，張之洞一行來到陽曲縣城。

陽曲是座古老的縣城，位於山西省垣太原之北不到百里地，向爲太原府首縣。張之洞見到的陽曲縣城，房屋老舊，街巷坎坷，市面蕭條，偶爾幾家半開半閉的店鋪裏坐着一兩個夥計，形容猥瑣，目光呆滯。貨架上物品稀少，灰塵滿佈，那情景，就像是從來没有人上門買過東西似的。時時可見低矮的屋檐下蜷卧着幾個衣衫破爛奄奄待斃的老人或小孩。乾冷刺骨的西北風迎面吹來，張之洞情不自禁地縮起脖子，從身上到心裏，他都有一種冰冷冰冷的感覺。

在一個比叫化子强不了多少的行人指點下，張之洞一行來到縣衙門。

縣衙門前有一棵年代久遠的大槐樹，樹根有一部分裸露在乾裂的地面上。張之洞突然想起兩句唐詩：『縣老槐根古，官清馬骨高。』前一句恰好與陽曲縣合轍，可惜官不清廉，馬骨大概也不會高了。這正應了『風物依舊，人不如昔』的老話。

已是巳正時分了，縣衙大堂的門仍然關得緊緊的，看來那個杜師爺没説假話。一個身穿黑布棉襖的中年男人，正板起臉孔訓着身邊的白髮蒼蒼的老太婆：『給你説過幾遍了，你就在這裏候着，徐太爺有要事，還没坐衙門哩！』

老太婆一臉的愁苦：『大哥，徐太爺還要多久纔坐衙門？』

中年男人不耐煩地説：『我怎麽知道還要多久！或許一個時辰，或許兩個時辰，也或許今天就不坐衙門了。』

老太婆哀求道：『大哥，你行行好，請徐太爺出來坐衙門吧，我今天還要趕回去哩！』

『哼，哼，好大的口氣！』中年男人冷笑道，『你叫徐太爺出來，徐太爺就出來了？你今天趕不趕回去，與他老人家有什麽關係。少囉嗦，還是老老實實在這兒候着吧！』

張之洞看在眼裏，心裏一股怒火早已憋不住了。他走過去，也不看那個喫衙門飯的人一眼，徑直問老太婆：『老人家，您爲何要見徐太爺？』

老太婆見張之洞一行人都穿戴得整整齊齊，心裏尋思着一定是與衙門有關的人，便忙回答：『老爺，我是來向徐太爺告狀的呀！我一個孤老婆子，無兒無女，一年到頭，就靠餵幾隻鷄、養幾頭羊換點糧食餬口。前些日子，鄉里辦公事的人到我家，要我交六百文錢。我問交這錢做什麼？那人說，這是上頭派的，按人頭出錢，收了錢去修路呀，架橋呀，還要辦飯款待省裏來的大人、府裏來的老爺呀。我說我一個孤老婆子，哪有這多錢出，上半年纔出了四百文，這會子又要出六百文，我哪出得起？那人說，上頭要每人出八百文，看你是個孤老婆子，衹出六百文。出不出？不出，牽頭羊去抵。我說我没錢，他們就真把我的一頭母羊牽走了。老爺，你來幫我評評，世上有這個道理嗎？』

張之洞氣得鼓鼓的，心裏想：這幫子辦公事的人，怎麼這樣不通人性，把個孤老婆子的羊牽走，這不是要人家的命嗎？

他壓下火氣，和悅地問：『老人家，你說的都是實話嗎？』

老太婆馬上賭咒：『我說的都是實話，若有半句假話，明天出門就被馬踏死，車軋死！』

張之洞這纔轉過臉來，冷冷地問那個中年男人：『你是縣衙裏什麼人？』

這個中年男人在聽張之洞與老太婆的對話時，心裏就在想：這幾個人是做什麼的？聽口音不是山西人，是過路客，還是來陽曲做買賣的商人？從他們三人是步行來看，必定不是做官或做大買賣的，何況衙門也没有接到過有貴客往來要好好打點的滚單。中年男人斷定張之洞一行是幾個愛管閒事的過路客，又見他面孔冷淡，更覺得受到侮辱似的，遂狠狠地盯了張之洞一眼，說：『老子在衙門裏做什

麼，關你什麼事？』

張之洞本是一個肝火旺烈又對個人尊嚴看得極重的人，往日裏，憑着才學和地位，人人都在他的面前客客氣氣的，今日身爲三晉巡撫，山西省的各級官吏，近千萬百姓都在他的管轄之下，竟然有一個小小的縣衙役敢對他不恭，他不由得怒火中燒。

他一時忘記了自己的巡撫身份並未公開，拿出撫臺大人的架子吼道：『你好大的膽子，敢在本部院面前這樣說話！快去，把徐時霖叫出來，我要教訓教訓他！』

原來這中年男子乃縣衙門裏的一個小班頭。縣衙門裏有三班：緝拿罪犯的叫快班，在衙門值班保衛的叫壯班，給犯人行刑的稱皂班。這男子是縣令徐時霖的一個遠房親戚，現在充任壯班頭目。

這壯班頭在衙門裏也混了幾年，見張之洞的口氣這樣大，直呼縣太爺的名字，又自稱本部院，心裏便生出幾分怯意來。他知道部院就是都察院，各省巡撫通常都掛個都察院左副都察使的空銜，所以巡撫也可以自稱本部院。照這樣說來，眼前的這人要麼是京師來的都察使，要麼是現任的巡撫。但他再盯着張之洞看了一眼後，立即便否定了剛纔的想法：此人其貌不揚，棉帽布袍，没有半點大官的氣派。他又看了桑治平和大根一眼，也看不出絲毫闊僕惡奴的模樣。他是什麼人？是不是喝多了酒的醉漢？

壯班頭將適纔的神態略爲收斂一點，偏着頭說：『徐太爺現在有要事不能出來，我是衙門裏的班頭，你有什麼事跟我說吧！』

一旁的大根早已不耐煩了：『不要囉嗦，把你們的太爺叫出來！』

大根的一雙大眼睛鼓得圓圓的，頗有幾分兇相，壯班頭情不自禁地退了半步。

桑治平悄悄地對張之洞說：『到了太原後再說吧！』

第二章　燕山郡賀

桑治平的建議是有道理的。巡撫身份既未公開，受到冷遇可以理解；若辦公事，又顯然有許多不便之處，不如先到太原履行正式手續後再說。若是別人也許會這樣做，但張之洞嫉惡如仇，又急躁如火，明知此行衹是實地調查，要辦事是要等到接過大印、王旗之後，但他不能容忍一個縣令廢弛公務，尤其不能容忍這種廢弛又是因吸食鴉片而引起的。手無寸權的時候，尚且要彈劾不法之徒，何況現在是實權在握？

他盯着壯班頭，以不容反駁的命令口氣說：『你去把徐時霖叫出來，我要和他當面說話！』

壯班頭見張之洞執意要見徐時霖，知道不是酒喝多了的醉客，而是來頭不小不好惹的硬角色。他不得不收起剛纔的不恭，擠出幾絲笑容：『那你們就跟我來吧！』

張之洞回過頭想與老太婆打個招呼，却不料老太婆早已嚇得溜走了。張之洞三人跟在壯班頭的後面，繞過大堂，來到二堂側邊的一間內客廳。壯班頭叫他們在這裏等候，自己一人走進了後院。

徐時霖天亮時纔撤了煙燈睡覺，此時好夢正甜，壯班頭的打擾，他極不情願。本不想起來，聽壯班頭詳細敘說一通後，他的腦子纔開始轉起來。

比起衙役來，徐時霖畢竟要聰明得多。他知道巡撫衛榮光已奉命外調，關於張之洞出任晉撫的諭旨，下達到太原也近一個月了。山西官場都在議論這個聲望滿天下的清流名士，傳說他的種種不同流俗的性情脾氣。身爲太原府首縣縣令的徐時霖，當然也很關心誰來做巡撫。對於山西的各級官員來說，此事的重要性，甚至要超過誰在北京登基做皇帝。這正是那句俗話說的：『天高皇帝遠，不怕現官怕現管。』難道真的是張之洞來到陽曲？以他的名士習氣，輕車簡從赴任不是不可能的，但至少太原府裏會有這方面的傳聞呀，早兩天纔從太原回來，爲何就沒有聽到一點消息呢？

徐時霖滿腹狐疑地起床洗漱，懶懶地整頓衣冠鞋襪，足足磨蹭了兩刻來鐘，纔蹣跚地來到會客室。見張之洞怒容滿面地端坐在那裏，他心裏忽然冒出一股畏懼感來，立即端正態度，走前一步，客客氣氣地對着張之洞三人作了一個揖，自我介紹：『鄙人乃陽曲縣縣令徐時霖，有失遠迎。』

見徐時霖的態度尚好，張之洞的怒氣減去了許多。他指了指旁邊的一把椅子，以主人的身份說：『你坐下吧！』

徐時霖愣了一下，心裏嘀咕：這是我的衙門，憑什麼由你來指揮？但身子已不由自主地坐了下來。

『你既是這裏的縣令，我來問問你：大白天的，你爲什麼不坐堂理事？你喫着喝着民脂民膏，老百姓要找你訴苦求助，你爲何躲着不見？朝廷將百里之地交給你，你爲何如此漫不經心？』

一連串的追問，如同審訊犯官一樣的，將陽曲縣令弄得心虛氣喘，背上發毛。他竭力掩飾自己的不安，答道：『鄙人剛纔與一個鄉紳在商討要事，未能坐堂。』

張之洞以威嚴凌厲的目光盯着徐時霖，見他睡意惺忪，眼圈發黑，神態倦怠，大怒道：『胡說！你分明是昨夜飲酒作樂，吸食鴉片，光天化日之時，仍在床上酣睡不起。你不好好認錯，還在本部院面前撒謊，是何居心？』

壯班頭說過來人自稱『本部院』，此時又是一句『本部院』，徐縣令不免一驚，他顧不得當堂受責罵的羞辱，怯怯地問：『請問，您是……』

大根在一旁以洪亮的嗓音，無比自豪地代爲回答：『新任巡撫張大人已來到陽曲縣兩個時辰了，你還不跪下迎接！』

果然是張之洞來了！怎麼一點兒消息都沒有？徐時霖不敢叫張之洞出示身份證明。儻若沒有錯，

第二章　燕山郡寶

第三章　投石問路

一　得知周武王酒爵是徐時霖的禮品，張之洞頓生反感

張之洞接過大印、王旗，做起山西巡撫已經快一個月了。剛到太原那幾天的時候，他幾乎都在酒宴上打發了。先是即將離開山西去江南任江蘇巡撫的衛榮光請客。衛榮光是前任，關於山西的一切，張之洞都想向他請教，他請客自然非去不可。席上，衛榮光說的全是不着邊際的應酬話。飯後茶室裏兩人聊天，他也是東一句西一句，不得要領，張之洞很爲失望。接着便是藩司葆庚請客。巡撫之下就是藩司了，今後天天要和此人打交道，他請客，能不去嗎？

圓頭圓腦的葆庚，殷勤得幾乎令張之洞難受。中午在趙氏酒樓設盛宴款待，他一個勁地挾菜斟酒，介紹山西的名酒名菜。葆庚是個美食家，說起這些來滔滔不絕，根本無張之洞插話的餘地。趙氏酒樓上的宴席剛剛結束，杏花塢的夜宴又開始了。酒酣耳熱之際汾河園的戲子又唱起了堂會。

葆庚拿起戲單硬要張之洞點戲，張之洞於此道不通，也無興趣，推託不掉，忽然想起京師皮黃有一出戲叫《玉堂春》，說的就是山西的事。他隨手翻開戲單，果然上面有一折《蘇三起解》，便用手點了點：『就唱這個吧！』

『好，大人真是行家！』葆庚摸了摸油光水滑的下巴，笑眯眯地說，『到了山西，非聽這個戲不可！』轉臉吩咐身邊的跟差傳令立即準備。

一會兒，一個滿身紅色囚服却嬌滴滴的青年女子，被一個化妝成三花臉的矮胖老頭，用繩索牽着走了上來。那女子唱的是山西梆子調，雖然歌喉淒楚婉轉，張之洞却聽不明白她在唱些什麽。身旁的藩司則眼睛一動不動地盯着那個女囚犯，手掌輕輕地拍打着椅子，聽得入迷了。猛然間，藩司意識到，決不能祇顧自己聽而冷淡了撫臺大人，忙側過身笑着對張之洞說：『蘇三剛纔這句「洪洞縣裏無好人」真是唱得好。洪洞縣裏的好人的確不多，那裏的民風至今還要比別的縣刁滑些。』

張之洞聽了這句話，覺得好笑，便說：『戲文裏的這句話，真的是事實嗎？』

『真的！』葆庚一臉正色地說，『洪洞縣裏的刁民，在山西省是出了名的。過段時期空閒了，我陪大人到洪洞縣去走走，大人自然就相信了。』

張之洞笑着說：『不怕葆翁見笑，我的祖上就是洪洞縣人！』

葆庚先是喫了一驚，隨後馬上滿臉堆笑地說：『大人這是指責我，講我這句話說得不對。』

『不是。』張之洞臉上沒有絲毫笑意，『我的祖上的確是洪洞縣人。先祖張本，永樂十五年，從洪洞縣遷到直隸。先住漷縣，兩代後纔遷居南皮。』

沒想到無意中的一句話竟然傷了撫臺大人，葆庚嚇得頭上直冒冷汗，慌忙起身，雙手抱拳，對着張之洞直打躬：『冒犯了大人，罪過！罪過！我實在是不知道，還請大人寬恕纔是。』

『坐下，坐下！』張之洞哈哈大笑，『葆大人不要在意。戲裏的事發生在明代嘉靖年間，那時我的祖上早已是南皮人了。洪洞縣的民風刁滑是那時開始的，與我張氏祖先無關。』

葆庚這纔放下心來，一邊坐下，一邊大笑着，趁機衝淡剛纔的窘迫。他實在捨不得眼前這個美麗的蘇三，兩隻小眼睛又重新將她盯得死死的。正在興味盎然時，葆庚突然聽到輕微的鼾聲。他轉眼一

看，原來是張之洞已經睡着了。他不做聲，又去看蘇三。直到這折戲唱完，蘇三下去了，藩司纔輕輕地拍了拍張之洞的肩膀。

張之洞睜開眼睛，說：『唱完了？』

『唱完了。』藩司說，『大人再點一曲吧。』

張之洞說：『不聽了，我要回去睡覺了。』

『好，不聽了，回家去吧。』葆庚傳令下去之後，又對張之洞說，『大人是喝多了點。我家有上百年的陳醋，我叫厨子爲大人調一碗魚羹湯。今晚就委屈在寒舍裏歇息如何？』

張之洞忙說：『那不行，那不行！』

葆庚十分關切地說：『大人，如果寶眷一道來了，我自然不敢請大人這麼晚了還去寒舍。祇因寶眷未同來，大人今夜傷了點酒，儻若夜裏不舒服，我如何擔當得起！所以請大人權且到寒舍住一晚，明天一早再回衙門，決不會躭誤公事。』

張之洞聽了這話，對葆庚的關懷備至頗爲感動。他自己在這些方面很粗心，難得爲別人想得這樣周到，但畢竟這麼晚去吵煩人家是不妥當的。

見張之洞尚在猶豫，葆庚輕輕地對他說：『大人，我請你去，還想請你幫我鑒定一樣古董。我對這門道不通，幕友說那是商紂王用過的酒器，我不太相信。大人是有名的鑒賞家，去幫我辨識一下如何？』

張之洞有好古的癖好，世間之物，凡沾上一個古字，他便有興趣。古字、古畫自不必說，即使是一塊年代久遠的破瓦片碎磚頭，他也視爲珍寶。那年，他和潘祖蔭聊天，說起炎炎夏日，以何物消遣

爲妙的話題。兩人你一言、我一語：拓古銘，讀古碑，談古泉，論古印，用古硯，檢古書，樣樣離不開一個古字。聽說是商紂王用過的酒器，張之洞眼睛一亮，倦意立消：『好！到府上去看看。』

葆庚歡喜無盡，立刻傳令備轎。兩頂緑呢大轎被前呼後擁地擡進了藩司衙門。一進大門，張之洞便迫不及待地要葆庚把古董拿出來。

葆庚說：『大人稍坐一會兒，喝點魚醋羹吧！』

張之洞說：『不必太麻煩，我的酒已消了。』

『嘗嘗味吧！』葆庚說，『寒舍的魚醋羹不僅醒酒，而且味道奇佳。』

一會兒，僕人送來兩小碗湯。葆庚親自端了一碗遞給張之洞，然後自己也端了一碗。張之洞喝了一口，又鮮又酸，味道真正美極了。他連喝三口，祇覺得滿肚子酒氣全部消去，精神頓時振作起來，猶如睡了一頓安穩覺剛剛醒來似的。他連連誇道：『好湯！好湯！』

葆庚說：『祇要大人喜歡，我今後常常給大人送點去。』

張之洞忙說：『那太勞神了。今後我叫厨子到府上來學，祇要你的厨子能把這手絶活傳給他就行了。』

葆庚說：『要是別人來學，我的厨子是絶不傳的，大人的厨子當然例外。』

喝過了湯，葆庚這纔把古董拿出來，又特地吩咐多加幾根蠟燭，把客廳照得亮如白晝。張之洞接過古董細細地鑒賞。這古董大約有五六寸高，三隻脚托起一個魚肚式的容器，容器的一端高高翹起，如同雀兒的尾巴。另一端是一個斜斜的槽子，中間的一段肚子較大。在肚子與尾巴之間有兩根寸把高的小柱子。熟悉古代器物的人一看就知道這是古代一種名叫爵的酒器。

『這是爵。』張之洞指着古董對葆庚說，『是商代很流行的一種酒器，酒裝在中間的肚腹中，手提着這兩根小柱子，手一偏，酒就順着斜槽流人口中。』

葆庚興致十足地托起爵，照張之洞說的在嘴邊試了一下，說：『這樣喝酒真有意思，這爵肚腹大，怕可以裝下四兩酒。』

張之洞說：『這一種比較小的。大的爵，武將喝的，可以裝得下一斤多酒。』

葆庚說：『一爵酒還沒喝完，先就醉了。』

『不會醉。』張之洞以一種行家的口氣說，『那時候的酒都是菓子釀造的，沒有現在的酒烈。王侯們一天到晚在酒池肉林中過日子，如果酒像現在的烈，那能喝得多少？』

『還是大人學問大。』葆庚笑着說，『我看戲時，常見臺上古人喝酒，從晚上喝到第二日天亮，心裏納悶：怎麼有這大的酒量？聽大人這麼說，我心裏明白了，原來那時的酒是菓子釀的。菓子酒我也可以從早喝到晚，又從晚上喝到天亮的。』

張之洞再次從葆庚手裏接過爵，細細地研究起來。

葆庚說：『幕友說，這是商紂王用過的，大人看是不是？』

張之洞將爵上下左右仔細地看了幾遍，然後以堅定的口氣說：『這不是商代的，這是西周初期的。』

『大人從哪裏看得出不是商朝而是周朝的？』葆庚湊過去，一邊看爵一邊問。

『商周的差別在這裏。』張之洞用手指着爵表面上的紋飾說，『你看，這是條雙頭龍。從現代出土的商代爵上，還沒有見過這種紋飾。商代爵上的紋飾多爲魚、龜、鳥、馬、夔、饕餮、虯、鳳等等。

也有龍紋飾，但都是一個頭，沒有兩個頭的。衹有周朝初期的爵，纔開始出現雙頭龍紋飾。所以，這隻爵應是西周初期製造的。』

『大人的學問了不起！』葆庚從心底裏發出讚嘆，稍後一會，他又說，『周在商之後，如此說來，這隻爵的價值就要低一些了。』

『不！恰恰相反，這隻爵的價值要比商爵高得多。』

『爲何？』葆庚又喜又疑地問。

『商朝末期，風氣奢靡，從宮廷到各級官衙，都終日沈浸在酒色之中，終於害得商朝滅亡了。周武王鑒於此，在立國之初便大力禁酒，並禁止酒器的製造。故商代的酒器極多，而西周初期的酒器極少。物以稀爲貴，故這隻爵的價值要比普通的商爵高得多。你這是哪裏來的？』

『這是去年陽曲縣令徐時霖送的。』葆庚誠懇地對張之洞說，『常言道，寶劍贈壯士。我不懂古董，徐時霖送給我，真是委屈了它，大人真正是個行家，這隻爵到大人手裏，可算是物歸其主了。大人，我送給您吧！』

徐時霖？張之洞聽了這個名字後，立即警覺起來。他想，徐時霖那樣一個極端瀆職的縣令，居然沒有受到一點處罰，是否就是靠送禮來討好上司呢？如此看來，這隻爵已不是一個普通的古董了，而是一個行賄受賄的物品。葆庚今夜把它送給我，說不定其背後的用心，與當時徐時霖送給他是一樣的。想到這裏，張之洞不覺心裏顫抖了一下。儘管他十分喜歡這隻極爲罕見的周武王時期的酒爵，也深知這隻酒爵的價值，却仍然毫不猶豫地做出決定：『葆方伯，謝謝你的好意，這隻爵你自己好好珍藏，我要回衙門去了。』

第三章　投石問路

一　得知周武王酒爵是徐時霖的禮品，張之洞頓生反感

張之洞接過大印、王旗，做起山西巡撫已經快一個月了。剛到太原那幾天的時候，他幾乎都在酒宴上打發了。先是即將離開山西去江南任江蘇巡撫的衛榮光請客。衛榮光是前任，關於山西的一切，張之洞都想向他請教，他請客自然非去不可。席上，衛榮光說的全是不着邊際的應酬話。飯後茶室裏兩人聊天，他也是東一句西一句，不得要領，張之洞很爲失望。接着便是藩司葆庚請客。巡撫之下就是藩司了，今後天天要和此人打交道，他請客，能不去嗎？

圓頭圓腦的葆庚，殷勤得幾乎令張之洞難受。中午在趙氏酒樓設盛宴款待，他一個勁地挾菜斟酒，介紹山西的名酒名菜。葆庚是個美食家，說起這些來滔滔不絕，根本無張之洞插話的餘地。趙氏酒樓上的宴席剛剛結束，杏花塢的宴又開始了。酒酣耳熱之際汾河園的戲子又唱起了堂會。

葆庚拿起戲單硬要張之洞點戲，張之洞於此道不通，也無興趣，推託不掉，忽然想起京師皮黃有一出戲叫《玉堂春》，說的就是山西的事。他隨手翻開戲單，果然上面有一折《蘇三起解》，便用手點了點：『就唱這個吧！』

『好，大人真是行家！』葆庚摸了摸油光水滑的下巴，笑眯眯地說，『到了山西，非聽這個戲不可！』轉臉吩咐身邊的跟差傳令立即準備。

一會兒，一個滿身紅色囚服却嬌滴滴的青年女子，被一個化妝成三花臉的矮胖老頭，用繩索牽着走了上來。那女子唱的是山西梆子調，雖然歌喉淒楚婉轉，張之洞却聽不明白她在唱些什麼。身旁的藩司則眼睛一動不動地盯着那個女囚犯，手掌輕輕地拍打着椅子，聽得入迷了。猛然間，藩司意識到，決不能衹顧自己聽而冷淡了撫臺大人，忙側過身笑着對張之洞說：『蘇三剛纔這句「洪洞縣裏無好人」真是唱得好。洪洞縣裏的好人的確不多，那裏的民風至今還要比別的縣刁滑些。』

張之洞聽了這句話，覺得好笑，便說：『戲文裏的這句話，真的是事實嗎？』

『真的！』葆庚一臉正色地說，『洪洞縣裏的刁民，在山西省是出了名的。過段時期空閒了，我陪大人到洪洞縣去走走，大人自然就相信了。』

張之洞笑着說：『不怕葆翁見笑，我的祖上就是洪洞縣人！』

葆庚先是噢了一驚，隨後馬上滿臉堆笑地說：『大人這是指責我，講我這句話說得不對。』

『不是。』張之洞臉上沒有絲毫笑意，『我的祖上的確是洪洞縣人。先祖張本，永樂十五年，從洪洞縣遷到直隸。先住瀏縣，兩代後纔遷居南皮。』

沒想到無意中的一句話竟然傷了撫臺大人，葆庚嚇得頭上直冒冷汗，慌忙起身，雙手抱拳，對着張之洞直打躬：『冒犯了大人，罪過！罪過！我實在是不知道，還請大人寬恕纔是。』

『坐下，坐下！』張之洞哈哈大笑，『葆大人不要在意。戲裏的事發生在明代嘉靖年間，那時我的祖上早已是南皮人了。洪洞縣的民風刁滑是那時開始的，與我張氏祖先無關。』

葆庚這纔放下心來，一邊坐下，一邊大笑着，趁機衝淡剛纔的窘迫。他實在捨不得眼前這個美麗的蘇三，兩隻小眼睛又重新將她盯得死死的。正在興味盎然時，葆庚突然聽到輕微的鼾聲。他轉眼一

見張之洞陡然變了態度，葆庚大爲驚奇，滿臉尷尬地說：『大人，夜深了，明早再回衙門吧！』

『起轎！』張之洞無視葆庚的尷尬，頭也不回地向大門走去。

回到衙門，張之洞心裏很久不能平静。他由徐時霖想起陽曲縣，想起陽曲縣市面的蕭條，想起衙門前那個白髮蒼蒼、形同乞丐的老太婆。他又想起蔭營鎮的貧困，想起沿途的罌粟苗。山西的百姓這樣貧苦，山西的民生如此凋敝，作爲一省之父母官，怎能一天到晚在酒肉歌舞中消磨呢？這能對得起太后、皇上的聖眷，對得起自己平生的抱負嗎？

第二天一早，張之洞傳下話來：不管是誰，不管他的面子有多大，所有的宴請一概不出席。話剛傳出去，臬司方濬益便氣喘吁吁地來到巡撫衙門，幾乎用哀求的口氣請撫臺大人賞臉，因爲酒席已定好，陪客的帖子已發出，戲園子裏的戲也早已點好。張之洞板起面孔，不鬆半句口。過會兒，山西陸路提督又急急忙忙地趕來。提督還没坐穩，冀寧道道員王定安又來了。緊跟在他後面的是太原首富、泰裕錢莊的孔老闆也進來了。幾個人七嘴八舌，苦苦相求，無非一個内容：賞光喫飯、看戲。張之洞越聽越煩，越聽越氣。他刷地起身，鐵青着臉對着衆人說：『我張之洞來山西，是來喫飯看戲的，還是來効力辦事的？你們這樣喋喋不休，究竟是看得起鄙人，還是看不起鄙人？鄙人爲人，從來是說一不二，絶不更改。諸位今後若是願意跟鄙人合作共事，現在就請打道回府，各自勤於國事；若是再留在這裏，鄙人就不客氣了。』

說罷，拂袖離開大堂，弄得這些極有臉面的大人物個個臉上無光，心頭沮喪，灰溜溜地退出巡撫衙門。

二　衛榮光向後任道出山西的弊端

張之洞每日天未明即起，半夜方睡，中午也不上床休息，實在累得不行了，則閉着眼睛靠在椅背上養一會兒神。他輪流在衙門裏召見山西各級官員，從兩司到道府，基本上都見到了。有的詳談一天不够，則留在衙門過夜，第二天再談。有的談不到半個時辰，他便揮手打發走了。山西有八十多個縣，他不能在短時期裏召見所有的縣令，準備今後在巡視中再一一晤談。他没日没夜地查閲近幾年來的文書檔案。錢糧刑名，過去他一直生疏，現在不得不硬着頭皮鑽研，不放過每一個細節。他抽空到晉陽書院去拜訪山長石立人老先生，與他懇談了一個下午。又看望了在書院裏的莘莘學子。他還專程到太原城外去視察軍營，在軍營裏住了兩個晚上，看士兵們操練演習，與他們在一個大鍋子裏喫飯。他常常打扮成一個普通人的模樣，帶着大根在太原城裏的大街小巷蹓跶。餓了則隨便找一處小飯鋪喫飯，渴了則就近到小户人家討口水喝。趁着喫飯喝水的機會，他詢問百姓的日常生活，聽取他們對官府的議論。這期間他又打發桑治平到晉北一帶去實地查訪。近日，桑治平回到太原，將查訪所得一五一十地作了彙報。就這樣，二十餘天下來，張之洞對山西省的官場士林、民情世風有了一個大致的瞭解。

前任巡撫衛榮光本來在交卸印信之後，便應離開山西赴任，但因感染風寒，暫留太原治療。張之洞家眷未來，巡撫衙門後院依然讓衛榮光一家居住，衹在前院東厢房撥出幾間來供他和桑治平、大根起居。一有空閒，張之洞便去後院走走，看看衛榮光，問一問病情，也隨便聊一聊瑣事。

這段時間裏，衛榮光眼見張之洞天天如此辛勞，而幾乎絲毫不顧及自身，心裏感慨良多。他是個

在官場上混了幾十年的人，由知府做到巡撫，官場裏的一切，他都爛熟於心。越到晚年，官做得越大，他的行事越謹慎，膽子越小。年初，山西巡撫曾國荃升任陜甘總督，他也由山東藩司升爲山西巡撫。巡撫乃封疆大吏，地方官做到這一步，也算到頂了。苦熬三十年，終於熬到今天，也不幸負此生了。初來太原赴任的衛榮光，有一種心滿意足的感覺。他自思年紀已近花甲，並無特殊的才幹，朝中又没有過硬的靠山，今生的最大願望便是保住頭上這顆珊瑚起花紅頂子，再過幾年平安致仕，這一生就順順利利風風光光了，上可告慰列祖列宗，下可表率後世子孫。就這樣，衛榮光在山西十個月，面對着百病叢生的現狀，他既不思革故除舊，也不想創建佈新，他的治晉方略最高目標是保持平穩，不出亂子。對於以名士身份來到山西的張之洞，衛榮光並不抱信任的態度。三十年來，無論是京師中的名士，還是地方上的名士，衛榮光接觸的太多了，其中固然不乏名不虚傳者，但大多名不副實，有的甚至徒有虚名，百無一用。

冷眼觀察張之洞二十多天後，他發現張之洞與通常的名士還是大有不同。至少，他不赴宴席，不受禮品，天天起早摸黑勤於政事，便難能可貴。翰林出身的衛榮光，從小接受詩書禮義的熏陶，畢竟在內心深處還有一股道義感和責任感。他決定在離太原之前，要把自己所知的山西情況跟張之洞詳詳細細地談一談。近幾天來，衛榮光已經基本痊癒，後天就要啓程南下了。這天晚上，他來到前院張之洞的房間，向這位比自己年輕十多歲的後任告別。衛榮光主動來拜訪，這還是第一次，張之洞十分欣喜地接待。寒暄客套一番後，衛榮光開始切入正題。

『張大人，二十多天來鄙人因生病未能協助你，眼見你天天一早忙到晚，無片刻休息，內心既佩服又深覺不安。』

張之洞聽了這話，心裏略覺驚訝。這些天裏生病是事實，但剛到太原那幾天，他身體好好的，也並没有配合交卸之事。好幾次見面，張之洞剛一涉及山西的政務大事，他便含含糊糊的，語焉不詳，顯然是心存芥蒂。身爲前任巡撫，衛榮光的這種態度，頗爲難以理解。好在他任晉撫時間不長，插手的事也不多，具體事宜，張之洞盡可從衙門吏目那裏獲知。有些非要問衛榮光的事，他也不自己去問，而是打發有關人員去請示。兩任之間就這樣交接，雖有諸多不便，却也没誤大事。今夜，衛榮光主動來訪，並主動談起政事，莫非他的態度有些改變？作爲前任，即使任期再短，再不管事，他的地位使得他必定比旁人要多掌握一些情況。張之洞是多麼迫切地盼望前任跟他坦誠交談啊！

張之洞雙手端起茶盃遞給衛榮光：『衛大人，請喝一口茶，權當我敬的一盃酒！』

衛榮光忙雙手接過，連說：『不敢當，不敢當。』説罷抿了一口。

『衛大人，您叫我張大人，我的確承受不起，您還是叫我香濤吧！』張之洞誠懇地說，『咸豐癸丑年，您進翰苑時，我張之洞不過是一剛中舉的少年，您名副其實是我的老前輩。』

張之洞此話不是客套。翰林是講究輩分的。這輩分不以年歲分，而以進翰林院的科別爲區分。後一科的翰林例稱前一科的爲前輩，對早兩科以上的人，則要稱老前輩。張之洞是同治癸亥科的翰林，比起衛榮光來，足足後了五科，叫衛榮光老前輩是理所當然的。

衛榮光聽了這話心裏高興，嘴上却說：『你現在正是如日中天，我已成老朽，眼看就要日落西山了。』

『家賴長者，國仗老成，何況衛大人不過五十多歲，朝廷依畀之日還長哩！』探花出身的張之洞不僅奏章詩文做得好，口才也極佳，隨隨便便的幾句話，都可以説得既得體又動聽。

『這些天裏，我總想請您多多賜教，見您身體違和，又不敢多打擾，每次都抱憾而返。現在您身體已痊癒，後天就要啓程離開太原，我真是依戀不捨。衛大人，您是知道的，我一來年輕，二來又初放外任，沒有一點從政經驗。我深恐有負太后、皇上重託，又怕不能爲三晉百姓辦好事，對不起近千萬父老鄉親。我每天都有臨深履薄之感。衛大人，』張之洞說到這兒，雙手捧起衛榮光兩隻冰冷的手，以極爲誠懇的態度說，『無論是有關山西的具體情況，還是如何做一個好的方面之員，在您的面前，我都不過是一個學子而已，請千萬不吝賜教！』

張之洞的態度令衛榮光頗爲感動，他用自己的手將張之洞的雙手握了一下，表示領了這個後任的情。然後鬆開手，端起茶盃，慢慢地喝了一口。放下茶盃後，他緩緩地說：『你的這種心情我是能理解的，我也有這個責任將山西的有關情況對你說說，衹是這段時期賤體一直不適，未能如願，今夜我們好好聊聊吧！』

『我洗耳恭聽。』張之洞把座椅向衛榮光的身邊移動了一下，以示自己的誠意。

『山西這個地方，十多年前，在長毛、捻子作亂的時候，號稱完富之地，其實根本不是這麽回事。我先後在湖北、山東做過司道，對這些省比較瞭解，山西比起湖北等省來，真是糟糕得很。』衛榮光操着帶有豫中口音的官腔敘述着。

張之洞點點頭說：『我來到此地儘管時間很短，也已感到壓力甚大，正如面對一團亂絲，不知從何理起纔好。』

『香濤賢弟，』張之洞說得那樣誠懇，衛榮光不再以『張大人』相稱，稱呼的改變使張之洞覺得彼此的關係拉近了許多。『你來的時間不久，纔看到一團亂絲。時間一久，你就會知道，此地不是一團

第三章　投石問路

亂絲，而是一攤爛泥，易於陷進而難於拔出，至於整治，則幾乎無望。』

『幾乎無望』這四個字，令張之洞心頭一顫。

『衛大人，您說說山西的問題主要有哪些？』

『山西的弊病第一在窮困。』衛榮光慢慢地說，『歷史上，山西原本是富強之地。戰國七雄，有三個國家是從晉國分出去的。直到隋末，太原仍是全國重鎮，故有李淵父子起兵反隋，造就了大唐王國。唐朝詩文繁榮，山西文人獨領風騷，便是明證。到宋代之後，國家重心南移，明代以後都城定在北京，三晉便逐漸冷落下來。除開外部原因之外，山西的被冷落是因爲自己的貧困，而貧困首先又是因爲山多地少、土地瘠薄的緣故。百姓貧苦，各級衙門稅收則少，稅收一少，則捐攤就多。這捐攤便成了山西的第二個問題。』

陽曲縣那個老太婆所訴的就是捐攤苦水，桑治平從晉北回來，也說老百姓最恨的就是官府的捐攤。張之洞皺着雙眉說：『第一是貧困，第二是捐攤。貧困多半是老天爺造成的，這捐攤則完全是官府所定。我們爲何不可以免去捐攤，以甦黎民？』

『賢弟啊，你有所不知。有的捐攤可免，有的捐攤則是難以免去的呀！』衛榮光嘆了一口氣，端起茶盃。張之洞忙從火爐上提起瓦壺，親手給衛榮光斟滿。衛榮光喝了一口，接着說下去。

『山西有幾個大的捐攤，就沒有辦法免去，因爲這是朝廷造成的。比如說，朝廷每年要山西解平鐵八萬餘斤、好鐵二十萬斤，這二十八萬斤鐵，包括脚費在內，朝廷衹給一萬一千餘兩銀子，短缺費用三萬九千餘兩。這一萬一千餘兩銀子是乾隆初期定的價，到現在已百年出頭了。百年裏，哪樣東西不是幾倍的漲價，可朝廷給山西的鐵銀却一文未增。山西是窮省，藩庫拿不出這麽多銀子，不攤到各州

第二章　人口問題

縣又怎麼辦呢？』

張之洞在心裏沈吟着：看來這的確是一件大事。每年三萬九千兩銀子，對於山西來說，實在是一筆不小的數目。這些年來都是轉嫁到老百姓身上去了，讓老百姓來承受這筆沈重的負擔。户部怎麼這樣不明事理呢？

體質仍然虛弱的衛榮光覺得身上有點冷，他將椅子向爐邊靠攏。張之洞猛然想起，隨身帶來的簡單行囊中有吳秋衣所送的四株靈芝，便從行囊裏拿出來送給衛榮光。

衛榮光仔細欣賞這四株碗口大閃着黑紅色光澤的靈芝，知道的確不是凡品。張之洞執意要把四株都送給他，他再三推託不成，最後衹得接受兩株。

『衛大人，您剛纔説的鐵捐，確實是一項大的捐攤。聽説還有一項絹捐，也是民憤極大的。』有這兩株靈芝草的效用，張之洞和衛榮光之間的談話氣氛變得更爲融洽。

『是的。嘉慶時期開始，朝廷便每年向山西索貢綢絹一千二百匹。近十多年來，因爲百姓生活苦，綢絹賣不起價，織造綢絹的作坊基本上都改了行，山西交不出這多綢絹，户部則規定少交一匹絹，用十兩銀子來抵，於是每年又多出這項費用。這一萬多兩銀子，也衹得向各州縣攤去，這便是絹攤。』

衛榮光的精神比剛進門時强多了，他喝了一口茶後又説了起來：『還有一筆大費用，即每隔三年一次的文武鄉試，鄉試照例由陽曲縣承辦。辦一屆鄉試至少要三萬兩銀子，陽曲縣如何負擔得起，衹得由巡撫衙門出面，向全省各州縣攤派，平均每年要一萬兩以上。這是幾項大的無法豁免的捐攤，還有其他形形色色、各州縣自定的捐攤，加起來有二三十項之多，這些銀錢往往都加在百姓頭上，百姓怎能負擔不重？又怎會不怨聲載道呢？』

『地裏收成這樣差，老百姓的銀錢從哪裏來呢？』張之洞面色憂鬱地發問。

『老百姓有什麼辦法呢？他們衹好不種莊稼而種罌粟。廢掉糧食而種毒卉，他們不是不知道如此不好，但種罌粟獲利是種莊稼的十倍，這叫做逼良爲娼。』衛榮光氣憤地把手中的茶盃往茶几上狠狠地一放。

張之洞似乎突然明白了許多事理。那一天，踏進娘子關後所見到的罌粟苗，曾引起他極大的憤恨。他恨山西的農人，怎麼如此昧良心，不道德；他恨山西的州縣官吏，怎能如此公然容許小民犯禁違法！原來，『嗜利忘義』的背後有它一言難盡的苦衷！

接印還没有幾天，他就準備下一道命令給各州縣：限令三天内全部鏟除罌粟苗。桑治平建議他暫緩下令，待把全省的情況摸清楚後再説。他接受了這個建議。現在看來，要鏟除罌粟，不是一紙命令就可以辦得到的事，若官府的捐攤不大加削減的話，强行鏟除罌粟也並非就是一件很好的事。

張之洞非常感激衛榮光的剖析：『衛大人，看來這廢莊稼而種毒卉，就是山西的第三大弊病了。』

『可以這樣説。』衛榮光點點頭，繼續他的話題，『此弊病所造成的後果極爲嚴重。一是種罌粟雖可賺較大的利益，但畢竟不能果腹充飢，平常年景可以用銀錢去買糧食，到了饑荒年，都没有了糧食，拿着錢也是空的，這就是前兩年山西乾旱而餓殍遍野的原因。二是山西大量種罌粟，造成土藥價大大低於洋藥價，遂使得吸食鴉片在山西泛濫成災。』

『我到太原這些日子以來，所接觸的人大都臉色青黑，身體乾瘦，可能都是吸多了鴉片煙的緣故。』

『香濤老弟啊，你還不知道，山西吸鴉片已到了令人驚恐的地步。我的一個幕友這樣估計過：鄉間十人約有四人吸，城市十人約有七人吸，至於吏、役、兵三種人，幾乎十人有十人吸。這個估計雖然

有點誇大，但大致也差不多。鴉片煙一定要根除，不然的話，整個山西，從城市到鄉村，從官場到民間，很快都會爛掉。老弟，這個事要靠你來辦了。』

瞬時間，張之洞真有點頹然氣沮之感：早知道山西是這樣一個污濁之地，真不該來，在京師做個侍郎，不僅事情少多了，而且還可以免去與這多鴉片鬼打交道，眼不見心不煩呀！但很快，他便從沮喪中掙脫出來。他是個稟賦剛烈、好強好勝的人，轉念又想：當我張之洞把山西這個爛攤子整頓好後，太后、皇上、京師的友朋、天下官員們就可以看到我的本事了。想到這裏，他斬釘截鐵地說：

『衛大人，您放心南下，我非要把鴉片在山西徹底根除不可！』

『好。到底是年輕有爲，我已近老朽，這種話就說不出來。』

『衛大人，據說山西的藩庫有三十年沒有清查了。許多人都說那是一筆糊塗賬。我想在我手裏辦一下這件事，您給我指教指教吧！』

聽了張之洞這句話，衛榮光晦澀的目光一下子明亮起來。他不是一個糊塗人，當了十個月的晉撫，已看出山西一切弊病中的最大弊病，就出在這個財政混亂上。一個省的藩庫居然三十年不清，豈非咄咄怪事！賬目糊塗，豈不人爲地造成給管理賬目人以貪污挪用的機會？剛上任時，衛榮光也想有所作爲，也曾動過清理藩庫的念頭。但此念一出，便招致不少人的勸阻，第一個出來勸阻的人便是藩司葆庚。衛榮光心裏明白，葆庚做了多年藩司，親管藩庫。一旦清理起來，第一個便要碰着他，也會牽連到許多現任的官吏。說不定，還會牽涉到曾國荃的身上。那個功勛蓋世而又剛愎自用的曾老九，可不是一個好惹的人。以明哲保身爲最高原則的衛榮光衹在想過幾天後，便腦子冷靜下來，迅速打消了這個念頭。但衛榮光自身不是一個貪墨的人，眼見得一批國庫蠹蟲不得懲罰，他心裏也不甘，衹要不傷

害自己，他還是希望這些蠹蟲被抓出來。無論從律法道義上來說，還是從個人心志上來說，清除侵吞公款的貪官污吏，他總覺得快慰。那麼，就鼓勵眼前這位素以名節自律，不怕擔風險，敢於任事的後任者來幹吧！

『老弟，清理藩庫這件事，你是不是真的做？』衛榮光兩眼盯着張之洞。

『我真的要做！』張之洞的口氣堅決，沒有絲毫的猶豫。

衛榮光頗爲滿意地點點頭：『若真的要做，就要一做到底。我比你癡長十多歲，在地方上混的時間也比你久，閱歷教給我一個書上沒有的知識。』

衛榮光說到這兒稍停了一下。張之洞趁機又把椅子向前移了一步，他知道這種閱歷得到的知識遠比書齋裏讀來的學問要可貴得多，一個字都不能漏掉！

『對於一個從政的官員來說，面對一件大事，在動手做之前，先要將各種可能出現的情況都考慮到。能做的話，則一做到底，不達目的，決不罷休；不能做的話，則乾脆不做。半途而廢，比起不做來，後果要更嚴重得多！』

這的確是經驗之言。張之洞雖然沒有這方面的經驗教訓，但冷眼旁觀政壇，他也見過有人就栽倒在這點上。今夜，由這個浮沈官場三十年的老前輩口中說出，其分量自然更重。

張之洞十分誠懇地說：『衛大人，您這話真正是金玉良言，我將終生銘記於心。』

『山西藩庫的賬目，三十年未清，我剛來太原時也很覺奇怪，也有過清一清的想法，但後來終於未動手，就是鑒於剛纔講的這個原因。不怕老弟見笑，我身體不強健，耐不了繁劇，年歲大了，膽氣也越來越薄弱，深恐引起更大的麻煩，故敷敷衍衍地這樣過來了。老弟願意來做這件事，我是非常贊同

的，衹是我再次提醒你，此事一旦動手，就一定要硬着頭皮頂下去，今後會有很多預料不到的囉嗦事出來，你都先要有個準備。』

『衛大人，你放心。』張之洞離開椅子站起來，挺直在衛榮光的面前。『我張之洞才幹或許不大，但從來膽量大，骨頭硬，不怕妖風鬼火。爲朝廷辦事，爲百姓辦事，哪怕革職丢官也不在乎，即便把命墊在這裏，我也在所不惜。』

這番話，使得稟賦懦弱的衛榮光大爲激動，過去他多次讀過張之洞那些風骨凜凜的奏疏，總想那不過是些豪言壯語而已，離實實在在的行動還差得遠哩！現在他彷彿看到了一個表裡如一、言行一致的真名士，一個一身正氣、大義凜然的國家幹臣。他不由得從心裏生發出敬佩之情來，也跟着站起，拍着張之洞的肩膀説：『賢弟，你有這樣的準備，那就什麼都不用害怕了。站在你的面前，我自覺慚愧，我没有爲山西做點有益的事，我後天就要離開這裏了，今夜我願意爲賢弟竭誠幫一點忙。』

張之洞忙握着衛榮光的手説：『衛大人，請坐下，坐下説。』

兩人一同坐下後，衛榮光頗爲動情地説：『賢弟被擢升爲晉撫，真正是太后、皇上的英明。自古説一道籬笆三個樁，一個好漢三個幫，賢弟欲幹此大事業，没有人幫襯是不行的。山西官場儘管庸員多，能員少，但以我的十個月經歷，也發現幾個可以信賴的人。我以至誠公心給你推薦幾個，算是我這個前任對你所作的惟一幫助。』

張之洞聽了這句話，心裏太高興了。山西弊病如此多，固然是他憂愁的事，而更憂愁的是初來乍到，他對山西官吏的賢庸智愚不清楚，縣令以下的人幾乎還没有見過面，且不去説，就是見過面的府道兩司，也還談不上有個什麼評價。有的人面善心却不一定善，有的人能言並不一定能幹，有的人又

恰好相反。從來識人辨人是最棘手的事，也是最高深的學問。常言道『路遥知馬力，日久見人心』，説的是識人辨人要有一段長時間，但各種事情都需要立即着手辦，不允許有一個長時間讓你去從容做一番識辨功夫。這時若有人將自己長時間所積纍的人才袋抖給你，這是一個多麽及時的饋贈！張之洞這段時間來，已從多處知道衛榮光大體上還算一個正派人，没有結黨營私等方面的傳聞。今夜的長談，也使張之洞對他有一個較好的印象。應該説，他推薦的人是可以信任的。

張之洞滿臉笑容地説：『衛大人，你給我的這個幫助真正是雪中之炭。你慢慢説，我記一下。』

張之洞説罷，坐到案桌邊，握筆鋪紙，準備記録。

衛榮光沈思良久，然後慢慢地説：『臬司方濬益，才能平平，但品行尚可。學政王可莊，人正直，學問好，山西士子多有讚譽者，但他從不願過問地方事情。關於山西興文辦學等事，可以放心讓他去做。地方上的事情，王可莊也可備諮詢。大同府同知馬丕瑶，此人廉惠剛明，辦事能幹。去年在永濟縣令任上，革除差錢數萬緡，早兩年在臨晉縣任上，辦理災情最爲妥善。汾陽縣令方龍光，仁厚愛民，爲政有方。朔州知州姚寬澄操守廉潔，政事勤明。交城縣知縣錫良，爲官廉潔。萬泉縣知縣朱光綬廉潔慈祥。太原縣知縣薛元釗廉樸誠實。這六位都是可以相信的人。』

張之洞手不停筆地把衛榮光的話全部記録下來。心裏想：過段時間親自到這幾個縣去走走看看。如果真是這樣的話，應儘早奏明朝廷，將他們破格提拔上來，委以重任。眼下清理藩庫，正需要人手，也可以從中調兩三個到太原來經辦此事。張之洞正在默想時，衛榮光重重拍了一下腦門，大聲地説：『我真是糊塗了，有一個極重要的人物忘記説了！』

『哪一個？』張之洞放下手中的筆，起身朝衛榮光走過來。

『閻丹初閻敬銘老先生！』衛榮光不自覺地提高了嗓門。

『是的，閻丹老！』張之洞興奮地說，『我們山西還真的隱居着一位國之瓌寶哩！』

『閻老先生寓居山西十多年，光緒三年又奉旨視察山西賑務，對山西情況十分明瞭。過段時間有空了，你可以去晉南拜訪拜訪他。』

『他還在解州書院主講嗎？』

『還在那裏。』

『身體怎麽樣？』

『上個月，解州知府來太原，閒聊中說起過他。據知府說雖有點小毛病，但不礙事，身體還算健朗。』衛榮光說到這裏，起身說，『天不早了，我要回去睡覺了，你也早早安歇！』

張之洞緊握衛榮光的手說：『衛大人，謝謝您今夜的來訪。後天，我親自送您出城。』

送走衛榮光後，張之洞獨自面對着燈火，長久地思索着。

三　張之洞決定做出一兩件醒目的大事來

接連幾天，張之洞在處理完日常政務後，就和桑治平一起商談如何治理山西的問題。有時半夜醒來，他也會爲此而再也不能安眠。他深深地體會到，比起當年做洗馬、學政來，巡撫身上的擔子要重十倍百倍以上。

經過近一個月的查訪、詢問，尤其在與衛榮光的懇談後，山西的情況，張之洞已是胸中有數了。衛榮光那夜歸納的貧困、捐攤、罌粟、藩庫的幾大弊病確實很嚴重。還有一個大問題，衛榮光沒有說

到，張之洞是强烈感受到了，那就是山西官場的腐敗：貪污普遍、受賄成風、公事懈怠、惟務鑽營。好的官吏，除開衛榮光所開列的外，張之洞也聽說還有幾個，但在整個官場中，這些人祇佔少數。正如衛榮光所說的，山西已是一個爛泥坑。究竟怎麽辦呢？張之洞苦惱着，焦慮着。

他想，首先應該把這些情況如實向太后、皇上稟報，要取得朝廷的諒解和支持。

罌粟要鏟除，這是毫無疑義的。但是幾十年來，對鴉片的禁弛，朝廷反反覆覆的，一會兒禁，一會兒弛，現在又居然公開徵税。既已徵税，豈不意味着合法！若是有人據此抗拒鏟除罌粟呢？這是一場牽涉着許多人利益的大事，必須要請得聖旨，纔能名正言順、大張旗鼓地在全省各地全面鋪開。

捐攤這件事更應該詳細奏明。因爲這實際上是户部的失職而强加給山西的額外負擔。豈有百年前覈的價，一直沿用，不做絲毫調整的？山西幾乎不産絹綢了，爲什麽還要山西出這份貢品？山西是貧省，豈能以十兩銀子的高價來代替一疋絹綢，這不是勒索嗎？張之洞真不明白，這是户部的那些老爺糊塗、不負責任，還是朝廷無錢，有意將負擔轉嫁各省？十兩銀子代一疋絹綢，究竟是户部作出的決定，還是負責絹貢的官員想出的主意，以貪污中飽？三十多年前，曾國藩曾說過京官顢頇、外官貪劣的話。張之洞想，現在的情形應該合起來概括：京官顢頇又貪劣，外官貪劣又顢頇。今後無論是加補鐵捐的報銷，還是免去絹綢的進貢，都必須得到户部的同意。此摺必須儘快擬。

清理庫款，此事尤其要上報。張之洞曾多次從久任地方大員的堂兄和姐夫那兒得到過做官的真傳：爲官一任，必須要做一兩件醒目的大事。瑣瑣碎碎的小事，做得再多，付出的辛勞再大，到頭來似乎都不值得一提，年終朝廷考績時，那些鷄毛蒜皮的事，自己都不好意思上報，而值得報的事又沒有，結果朝廷的考覈祇能是平平而已，擢升無望。祇有集中力量做它一兩件大事出來，把它做得有聲

有色，做得熠熠生輝，什麼時候説起來都臉上有光，甚至在你離任多少年後，當地的百姓還記得起、數得出。這種政績最爲重要，是擢升的最好憑據。張之洞將這種爲官真傳牢記於心，深信這是十分有用的秘訣。張之萬和鹿傳霖仕途順遂，官運亨通，無疑得力於這個真傳的巧妙運用。年過不惑有着十多年仕途經歷的新巡撫知道，在禁罌粟和罷捐攤這兩件大事上，要做出滿意的成效來，將是十分不容易的。當年以道光爺那樣的英明和威勢，以林則徐那樣的剛强和睿智，鴉片都没有禁得下來，到後來引起了土藥的全國泛濫，可見這種東西對世俗人的吸引之大。現在山西少説也有數十萬人在種，有上百萬人在吸，要想根除，談何容易，祇不過盡其力而爲之罷了。至於罷捐攤，朝廷支不支持還不知道。惟一可辦的大事，看來便祇有這個清理庫款了。一個省的藩庫，三十年未清查，説起來駭人聽聞，查之於典册，怕可能也無先例。自己動手來做這件事，已是引人矚目了，清理到最後，總會有一個結果出來，這個結果到底與實際情況吻合多少，誰會來覈查呢？祇要出以公心，不挾私慾，督促屬下認真去辦，就上可告慰朝廷，下可安撫百姓了。

真是山西歷屆前任留給我的一筆最好的仕宦資産，就看我來如何接收了！張之洞不覺興奮起來，多少日子來的焦慮不安爲之一掃。

他安排原在衛榮光手下辦文案的三個幕僚，一人草擬一個題目。至於閻敬銘，他決定由自己來給太后親擬一道密摺。張之洞有一種預感，他覺得閻敬銘很快便會在中國政壇上飛黄騰達起來。離開京師那天上午陛辭的情景，又浮現在眼前——

慈禧以清脆好聽的聲音跟張之洞像聊天似的説話，張之洞則以誠惶誠恐的心情，緊張却又得體的語言回答着。慈禧説了一堆諸如『時事艱難，留心政務，若有所見，隨時奏明』等套話後，突然問：

『閻敬銘這個人，你去年在摺子裏薦舉過他，你平時跟他有聯繫嗎？』

張之洞答：『臣没有見過閻敬銘，也跟他從未有過聯繫，祇是聽許多人説閻敬銘善於理財。』

慈禧又説：『閻敬銘這些年據説一直在山西解州書院，你去山西後，要仔細打聽一下此人。朝廷連下過幾次詔書，命他進京辦事，他都以年老多病爲由推辭了。你細細去問問，看他究竟身體如何。』

『是。』張之洞答道，『臣到山西後一定去查訪此人。』

『閻敬銘能幹，先帝在日就稱讚過。同治初期那幾年，他在山東巡撫和工部侍郎任上也做得很好，爲何突然就辭官不做了呢？你見到閻敬銘，問問他，若過去有些什麼不痛快的事，十多年了，丢掉算了，朝廷還等他共度艱難哩！』

『是。』張之洞恭恭敬敬地説，『我一定將太后這番心意轉告給他。』

『張之洞，你現在是山西巡撫，閻敬銘在山西，能不能勸説他回到朝廷來，就看你的本事了。』

張之洞忙叩頭：『臣一定盡力勸説閻敬銘回朝廷爲國家辦事。』

回到家裏，張之洞仔細琢磨着慈禧太后的話，深感慈禧對閻敬銘的眷顧之深、期望之切，這些年來似乎没有人能比得上。閻敬銘過去以侍郎致仕，今年已六十五歲了，若復出，官銜應在侍郎之上。官宦世家出身的張之洞深知結納朝中大員的重要性。這次若由自己出面來説服閻敬銘復出，自然就與閻敬銘結下一層非一般的關係。何況張之洞和閻敬銘之間還有一層淵源，那就是他們有一個共同的恩人胡林翼。

張之洞隱隱記得，胡林翼在去世前曾有一封信給他，要他到武昌撫署來歷練一下，信中盛讚閻敬銘。張之洞忙把過去的舊信劄找來，果然尋到了這封信，遂有意將這封信帶來山西。於是他親筆寫了

一封信，連同這封信一起交給桑治平，請桑到解州去一趟，代他先去看望一下閻敬銘，轉達殷勤問候之意。

桑治平離開太原後，三個幕僚將奏稿送上來。張之洞一一細看，越看眉頭皺得越緊：三份奏稿都沒有將他的意圖説清楚，其中一份連文句都不通順。他氣得擲回去，命他們重新擬稿。第二天，三份稿子又送上來了。張之洞看後，還是沒有一份滿意的。他聲色俱厲地將三個自以爲是的幕僚教訓了一頓，叫他們統統卷起鋪蓋走路。他嘆了一口氣，心裏説道：這衛榮光怎麽用的這樣一批草包！必須聘幾個心地明白又文筆流暢的人來辦文案。張之洞第一個想起楊鋭。他提起筆來，給楊鋭寫了一封信。眼下這三個重要的摺子，衹好自己動手了。

就在張之洞親自草擬這幾份關係山西千家萬户利益的奏摺的日子裏，太原城藩司衙門後院，有幾個人也在心神不安地忙碌著。

四　王定安貢獻三條錦囊妙計

衛榮光離太原前一天，特爲到藩司衙門與葆庚話别。談話之間，衛榮光説起張之洞有清理藩庫的念頭。葆庚聽了心裏暗喫一驚，送走衛榮光後，他將自己關在書房裏，呆呆地坐了一個多時辰。

正白旗出身的葆庚，是清初八大鐵帽子王之一豫親王多鐸的後裔。顯赫的家世，使得他在朝中有廣泛的奥援。正是憑着這種奥援，這些年來，才具平平的葆庚在官場上左右逢源。他不屑於從七品縣令做起，拿着一大堆白花花的銀子，一出手便捐了個候補道員。分發到省後，又是銀子幫他很快得實缺。葆庚毫無從政的經驗，也不耐煩案牘簿書，但他却遷升順利。待到曾國荃到山西做巡撫的第二年，葆庚便從陝西按察使調升山西做布政使，成爲一省方伯。葆庚憑的什麽升官？他的本事就在於京師活動的能力。省裏有大事辦不了，需要朝廷出面解決的，派葆庚進京便十拿九穩。比如要户部增撥銀子啦，減免税收啦，要吏部在對本省道府一級官員的考績上客氣點啦，走王府的門子爲某大員謀求調升啦等等，這些事葆庚都可以辦得順溜。葆庚抱着七分敬畏三分諂媚的心態，來到太原給曾國荃當藩司。他知道這個從戰火中打出來的曾老九脾氣暴躁，性格乖戾，且仗着戰功，什麽人也不放在眼裏。葆庚像侍候老爺子一樣地伺候着曾國荃。曾國荃對滿人官員有一種偏見。在他看來，幾乎所有的滿人都是酒囊飯袋。帶兵做官，不是他們有本事，而是命好。對葆庚，他自然也是瞧不起的，但葆庚對他事事恭順殷勤，曾國荃找不出他的岔子，倒也相處得太平。

那時山西正是大旱，赤地千里，餓殍遍野，景况慘不忍睹，賑災之事繁重艱難。曾國荃面對這個局面，甚是焦慮。這時葆庚的能力發揮了作用。他到京師四處遊説，居然給山西帶來六十萬兩銀子的賑災款。此舉，令曾國荃對他刮目相看，從那以後便對葆庚十分信任。十多年的征戰，讓曾國荃落下一身的病痛。來山西之前，他在湘鄉老家足足養了六年的病。六年鄉居，使他變得疏懶。病痛加上疏懶，又使得他對政事産生厭倦，於是乾脆把山西的事都交給了葆庚，另派一個心腹代表他和葆庚共事。

這個心腹名叫王定安，字鼎丞，湖北東湖人氏。他以秀才身份投曾國藩幕。後來曾國荃組建吉字營，曾國藩將王定安派到吉字營，協助曾國荃辦文書。王定安聰明能幹，文章寫得好，爲曾國荃所器重。每打完一場大戰後，曾國荃照例都要保舉一大批人，許多與此毫無關係的人也有一份。這是曾國荃籠絡軍心人心的一個重要手段。所以，儘管他沒有乃兄的人格力量，却有一大批哥們兒鐵着心跟他

幹，其原因便在這裏。王定安也是其中沾光者之一。到了同治五年，曾國荃做湖北巡撫的時候，他的帽子上也有了一顆候補道員的藍色玻璃頂子。不久，曾國荃辭職回家養病，王定安也回到老家，二人常保持書信不斷。曾國荃復出任晉撫時，召王定安來山西。王定安接信即赴太原。曾國荃對這位跟隨十多年的老部下甚是眷顧。王定安來到山西不到半年，曾國荃便向朝廷保薦他補授冀寧道道員。王定安對曾國荃忠心耿耿，曾國荃也將他視爲自己的貼心人。王定安文才好，辦事有方，但品行却不好，貪財好貨。那時還有一個候補縣令，此人就是徐時霖。徐時霖候補好幾年没撈到一個實缺，正是倒楣的時候。恰好他出嫁兩年的妹子新寡回娘家，徐時霖靈機一動，從妹子身上打起主意來。他知道葆庚好女色，家裏已有一妻一妾，還不滿足。於是將妹子打扮得妖妖艷艷的，作爲待字閨女送給葆庚做了第三房姨太太，葆庚自然歡喜不已。很快，徐時霖便因此補了實缺，並以小舅子的身份成了葆庚的死黨。

朝廷救濟和各省協濟山西旱災的銀子共三百萬兩，曾國荃讓葆庚和王定安來經理。葆庚又把徐時霖拉了進來。這三個人抱成一團，利用這個好時機，大肆貪污挪用。對於他們的行徑，曾國荃時有所聞。這個曾老九自己便是一個不拘小節的人。當年打安慶打江寧時，他明裏暗裏不知運了多少船金銀財寶回湘鄉。對於湘軍部屬的不法行爲，他也基本不過問。而今葆庚、王定安從救濟款里弄點銀子，他同樣不計較。葆庚、王定安身爲司道，如此貪污中飽而不受懲處，那些見錢眼開的官吏們便一個個都無所顧忌了。本已腐敗的山西官場，如今更加腐敗，更加黑暗。衛榮光膽小怕事，在山西呆的時間又短，葆庚、王定安所經營的事情，他不想也不敢去觸動，彼此倒也相安無事。現在張之洞揚言要來清理藩庫的賬目，該怎麽對付？

第三章　投石問路

掌燈時分，應葆庚所招，王定安和徐時霖來到藩司衙門的小客廳。僕人送上茶點後，葆庚把門關緊，三人開始了密談。

『張之洞這個人，不知究竟是個什麽角色？』浙江人徐時霖來北方多年了，但説起話來依然有很濃厚的南方口音。自從那天在陽曲縣突然遭遇之後，他對這個微服私訪的新巡撫是既恨又怕。張之洞臨走時扔下的那句話，這些日子來，時常在他的腦子裏浮現。他心裏一直忐忑不安，不知張之洞究竟奏明朝廷没有。徐時霖知道，七品縣令這樣的芝麻小官，其好與壞，太后、皇上是不知道的，全憑巡撫一句話。若張之洞真的要參他，當然是件很容易的事。他也曾問過葆庚。葆庚見張之洞來太原個把月了，並没有什麽動作，以他在官場上混了幾十年的經驗，估計張之洞祇不過是一時惱火説説而已，不會真的就上奏。徐時霖見後來果然一點響動也没有，覺得葆庚的分析不錯，張之洞原來也是一個雷聲大雨點小的人。可是，現在他竟要清理庫款了！他究竟是個衹説不幹，還是個又説又幹的人呢？徐時霖心裏没有準了。

『鼎丞，你是個才子，張之洞也是個才子。依你看，他這個才子究竟是個什麽角色？』葆庚用肩膀撞了撞坐在一旁的王定安。

沈溺煙榻的王定安被鴉片熏得又黑又乾，加上個子矮小，整個兒就像一隻風乾的青蛙。他很怕冷，渾身上下讓名貴毛皮裹得緊緊的。進了葆庚暖和的小客廳後，他脱去外面的銀灰色狐皮大氅，身上還穿着兩件皮衣：裏面一件深紅色的火狐皮襖，外罩一件亮黑色貂皮坎肩。就這樣，他的兩隻雞爪似的手還是冷冷的。

他沈思一會兒，然後用尖尖細細的湖北腔輕輕地説：『張之洞這個人，我在同治八年見過一面，

那時他在敝省做學政。有一次，我到經心書院去看一位老朋友，恰逢他來書院視察，並親自給書院學生講了一堂課。他講的是如何讀經。書院裏所有的教師都去聽講，我的那個朋友也把我拉去了。也好，聽聽吧，看看這位學臺大人究竟有多大的學問。一個時辰聽下來，所有的教師都佩服，我也很佩服：這個學政名副其實。我後來給文正公寫信，還專門寫了這件事。文正公給別人的信裏説，近年張香濤在湖北做學政，輿情頗洽。文正公這話就是依據我的信説的。』

王定安説到這裏，有意停了下來，端起茶盃抿了一口，臉上露出自得的笑容。徐時霖恭維道：

『此事足見王觀察在曾文正公心中的地位之高！』

『張香濤後來又到四川做學政。在那裏刻了兩部書：《輶軒語》和《書目答問》。這兩本書我都看過，的確寫得不錯。尤其是《書目答問》，我可以斷言，必定是一部傳世之作。』王定安以堅定的口氣下出這個判斷，與其説是讚揚張之洞的學問，不如説是在炫耀自己的鑒別力。『這幾年在京師，他參與了清流派，對上下內外大大小小的事都愛發表自己的意見，名聲自然很大。海內讀書人，幾乎無人不知張香濤。但雨生兄要問他究竟是個什麼角色，也很難説。依我看，張香濤這個人，是一個學問文章都很好的文人。如果將他一直放在翰林院做學士，講經筵、衡詩文，他或許會是今日的紀河間阮儀徵。但現在放他出來做方面大員，怕不是合適的人選。』

『何以見得？』葆庚、徐時霖幾乎同時説出這句話。

『我當然有充分的根據。』王定安將一粒西洋進口的藥丸塞進嘴裏，鼓了兩下腮幫，將它吞了下去。

葆庚笑了笑説：『鼎丞又弄什麼靈丹妙藥來了？』

王定安將剛放進皮坎肩口袋裏的一個小玻璃瓶拿出來，遞給葆庚，一邊説：『英國出的藥，名字

古裏古怪的，我記不住，治頭腦眩暈最有效了。我方纔覺得頭又有一點暈了，現在吞下一粒，過會兒就不暈了。』

『真的，有這樣的奇效？』徐時霖好奇地從葆庚手裏拿過去，打開瓶蓋，細細地看着裏面那些白色小藥丸説，『我太太也有這個毛病，發起來旋天轉地，喫了好多藥都不見效。你這藥是從哪裏來的？』

王定安説：『有個英國傳教士前幾天到太原來，既傳教又治病，隨身帶了很多洋藥丸子，喫了他藥的人都説管用。經一個朋友介紹，我去見了他。他給我看了病，並給了一小包藥丸，説喫了有用再來看。我要給他錢，他不要。我喫了三天他的藥，果然後來頭再也沒暈過。我於是去找他，謝謝他，向他要了三瓶。問他多少錢，他又不要。説這藥不能算價，你有錢就給一點，沒有錢就不給。我拿出一錠十兩銀子來問他够不，他哈哈笑起來説：「足够了，足够了！」』

徐時霖疑惑地問：『你怎麼可以跟他對話，他會講中國話？』

『他到中國十多年了，中國話説得很流利，還可以捏着鼻子學山西土話，我都講不出。』王定安嘿嘿乾笑了兩下，露出一口黑黄色的牙齒，『你先從我這裏拿幾粒去。若有用，我陪你再去找他買。』

王定安從徐時霖手裏拿過小玻璃瓶來。徐時霖忙伸出雙手，王定安在他右手掌心倒出五六粒來，徐時霖趕緊從袖袋裏掏出一塊綢手巾來包好，連聲説：『謝謝，謝謝！』一邊把它放進左手袖袋裏。

葆庚説：『那個英國傳教士叫什麼名字，多大年紀了？』

『叫李提摩太。』王定安説，『洋人的年紀我拿不準，大概不會超過四十歲吧！』

『你頭現在不暈了吧？』徐時霖急於驗證這藥的効力。

「不暈了！」

「這洋人的東西就是好！」徐時霖說時，又用右手摸了摸左手袖袋，生怕剛纔沒放穩妥。

葆庚說：「還是言歸正傳，說說你的根據吧。」

「自古以來的名士，從東漢的太學生到前明的東林、復社，沒有幾個能辦成大事的。」興許是洋藥丸子的作用，王定安的中氣明顯比剛纔足了，說話的聲音也大了許多。「這些人，多半志大才疏、眼高手低，發起議論來則海闊天空、頭頭是道，真正讓他們做起實事來却又束手無策，一點辦法也沒有了。講起別人來求全責備、刻薄挖苦，但自己立身處世，更加卑鄙。當年文正公和九帥就最討厭這樣的人。你們聽說過李元度嗎？」

徐時霖搖搖頭說：「沒聽說過。」

「我聽說過。」葆庚摘去頭上的黑呢瓜皮帽，抓了抓光秃秃的頭頂。「好像也是中興時期的一個有點名氣的將領。」

「什麼名氣？打敗仗的名氣罷了。」王定安有過多年跟隨曾國藩、曾國荃兄弟的經歷，這是一段他引以自傲和傲人的歷史。過去曾國荃做巡撫時，太原城裏除開一個九帥外，他並不把包括兩司在內的其他人放在眼裏。待到衛榮光來做巡撫時，他是連一人之下的感覺都沒有了。葆庚雖是藩司，王定安一向對他不大尊重，反駁他的話是常事。「這李元度就是一個典型的名士派，說大話，寫文章，是再沒有人能超過他了。真正打起仗來，一點本事都沒有。他在文正公面前許下重諾，要守住徽州府。但沒幾天，把座徽州府給丢了，還臨陣脫逃，二十多天後纔到祁門去見文正公。文正公氣得要殺掉他，李少荃他們拼命擔保，纔沒丢腦袋。後來他想投奔我們九帥，九帥硬是不要。」

王定安講起這段掌故來，精神煥發。其實，說張之洞是完全用不着把李元度拉來作靶子的，王定安之所以要扯得這麼遠，無非在葆庚、徐時霖面前炫耀一下他的那段光榮歷史罷了。果然，三十多歲的縣令徐時霖立即被鎮住了，五十多歲的布政使葆庚也感到在他面前突然矮了一截似的。

徐時霖以請教的口吻問：「照您剛纔的意思，張之洞就是李元度那樣的人了？」

「我看差不多。」王定安端起茶盃來，喝了一口茶說，「甚至還會比李元度不如。」

葆庚問：「這話怎講？」

「李元度從沒有上奏章彈劾過人。他人緣好，出事後，祁門兩江總督幕府的人幾乎都出來保他。像李少荃那樣的人，是通常不大說別人好話的，居然寧願辭職也不肯起草罷免李元度的奏稿。張香濤過去做清流派，得罪的人很多，大家都盯着他，巴不得他倒楣。一旦出事，除了他的清流朋友外，哪個有實力的人肯替他說話？」

葆庚摸着油光光的下巴說：「鼎丞說得有道理。依我看，說不定放他到山西來做巡撫，便是有人設好的一個圈套。恨他的人，在京師拿不到他的把柄，就放他到山西來，知道他這個人好大喜功，必定會爭出風頭，到他栽跟頭時，就好降服他了。」

葆庚說到這裏，停了一下，拿起他放在桌上的瓜皮帽，仔細看了看，輕輕地對着它吹了一口氣，然後伸了一下懶腰，慢悠悠地說：「可惜呀，張香濤還蒙在鼓裏，做他的好夢哩！」

聽了葆庚這句話，又加之個把月過去了，並未見張之洞對他採取什麼舉措，徐時霖大大地鬆了一口氣。小客廳裏的炭火燒得很旺，他將身上棉長袍解開，輕鬆地笑着說：「看來我是過慮了，我們過去做的事還是可以繼續做下去！」

王定安打了一個呵欠，以一種老謀深算的口氣說：『據說張香濤脾氣倔、膽子大，太后對他聖眷頗隆，還是防着點好。』

葆庚點點頭說：『怎麼防着？你出點主意。』

王定安又長長地打了一個呵欠，說：『葆翁，我實在熬不住了。你這裏有福壽膏嗎？』

福壽膏是煙客對鴉片的昵稱。說了個把時辰的話了，王定安這個大烟鬼支撐不住了。葆庚的烟癮也發作了。他站起來說：『我這裏有剛買來的真正的公班土，跟我到煙室裏去吧。』

清廷對鴉片煙時禁時弛，但明文上對官吏吸鴉片還是一貫禁止的。葆庚的煙室造得很隱密。他將徐姨太寬大的卧室隔成兩個部分。前部分放一張終年掛着蚊帳的深紅色雕花大床，以及徐氏的梳妝檯、衣櫃等物件，後部分則是他的煙室。裏面有一張寬大的煙床，床上墊着厚厚的棉被，上面鋪着一床特製的新疆毛毯，豪華氣派，鬆軟舒坦。煙床上擺着一個矮矮的梨木鑲貝煙几，上面放着精緻的烟槍、煙燈等一應用品。這前後兩部分中間用一道薄磚墻隔開，雕花大床放在墻邊，將大半個墻給遮住了。剩下的小半邊墻祇開一道門，門前放着一座西洋進口的大玻璃穿衣鏡，剛好把門嚴嚴實實地擋住。姨太太的卧房，除開兩個貼身丫鬟外，誰也不能進去。即使偶爾闖進去了，也看不出半點破綻。葆庚便在這個煙室裏，每天由徐氏或徐氏的丫鬟服侍着，抽它一兩次大烟，過一個鐘頭如仙如佛的癮。這段時期徐氏回家坐月子去了，卧房裏空着，葆庚便帶着王定安、徐時霖穿過徐氏的卧室，繞過穿衣鏡，來到神仙窟。

『葆翁，你真會享福。』王定安看着佈置得奢侈耀眼的煙室，情不自已地發出感慨，『與你相比，我那抽煙的地方簡直就是農家的竈房了。』

聽了這句讚美的話，葆庚心裏很高興，說：『你沒見過京師王府裏的煙室哩，若跟他們比起來，我這又是竈房了。』

徐時霖更是對他這個妹壻的福分垂涎三尺，心裏盤算着：回家後一定要跟還在娘家做客的妹子商量下，要她悄悄地把葆庚的烟具帶幾件回來纔好。

『鼎丞，你和我躺在床上抽。雨生，你是自己人，我就不客氣了，叫丫鬟給你安排一個躺椅，把烟具放在茶几上，你就躺在椅子上抽吧！』葆庚一邊調擺，一邊吩咐丫鬟們做準備。

一切安排妥當，王定安烟癮大發，已經不可按捺了。他趕緊脱鞋，躺在煙几的左側，一個丫鬟忙過來給他燒煙泡。煙几的右側，葆庚慢慢吞吞寬衣解帶，也有一個丫鬟在服侍着。徐時霖則不忙着抽，他一件一件地把玩着那些精巧昂貴的烟具。隨着煙燈的小火苗閃爍跳躍，時明時暗，一陣陣醉人的奇香從烟槍裏飄出。小小的藩臺衙門煙室，頓時成了西方極樂世界。王定安一連猛吸幾口，貪婪地將飄出的香氣吞進喉管，佈施於五臟六腑，再將它壓下丹田，周身上下疲倦頓失，活力復甦。

『葆翁！』王定安心中有一種飄飄欲仙的感覺，說起話來變得親切多了。『你這是真正的公班土，而且是上等的。哪裏弄來的，價格如何？』

『是不錯吧！』葆庚徐徐地說，『泰裕莊的孔老闆送的，他死也不肯收錢。』

『那還不是羊毛出在羊身上！』今天若不是跟着王定安來，徐時霖是享受不到這種洋藥之味的。他對妹壻有點不滿，拋出了這句頗爲刻薄但極中要害的話。

『你的鬼點子多，出個主意吧！』葆庚頭枕在小棉墊上，斜起眼睛望了一眼對面躺着的王定安。

王定安眯着雙眼，全身心地都在享受上等公班土給他帶來的樂趣。好半天，待這口煙完全在他的

胸膛肚腹裏消解之後，他纔睜開兩隻小眼睛，慢吞吞地說：『我送你三條錦囊妙計。』

『不是祇送我，』葆庚打斷王定安的話，『你要知道，真的查起來，你的麻煩事比我還多。』

王定安不服氣地說：『我的銀子，都是乾乾淨淨的，不怕查。』

『真的嗎？』葆庚冷笑道，『鼎丞，真人面前不說假話。你就不要在我面前說這種漂亮話了，這種漂亮話留着日後在張之洞面前去說吧！』

『好啦，好啦！』徐時霖打圓場，『王觀察，把你的三條錦囊妙計亮出來吧！』

王定安畢竟心虛，見葆庚認起真來，便嘿嘿乾笑兩聲說：『葆翁，我這句話沒有別的意思。因爲是要你出面去辦，你是藩司，他第一個要和你商量，我和雨生還差了一截。』

徐時霖忙說：『那我就差得更遠了！』

葆庚一向都要仰仗王定安，何況現在他們共坐一條船，當然要和衷共濟，於是也笑着說：『剛纔說說玩的，你可別計較。』

王定安又重重地吸了一口大煙泡後，不慌不忙地亮出他的錦囊妙計來：『首先，你還是用對待衛榮光的老法子對付他。告訴他這藩庫清不得，三十年沒清了，巡撫也不知換了多少個，歷屆巡撫都當得好好的，該升官的照升官，該調肥缺的照舊調，從沒有哪一任巡撫因此有什麼罣礙。一旦清理，則會挑起許多事端來，反而不美。說得他打消這個念頭，不再惹是生非，那就一切都沒事了。此乃上上之策。』

『這當然最好。』葆庚坐起來，摸了摸頸脖子說，『聽說張之洞這個人倔强得很，他想幹什麼就幹什麼，祇怕不能像衛榮光那樣，幾句話就對付了。』

徐時霖也坐起來，說：『有人說張之洞兇狠得很，怕不是衛榮光那種人。』

王定安仍躺着不動，他上上下下地摩挲那杆雕龍描鳳的大煙槍，慢條斯理地說：『若說服不了，則用第二計。你就對他說，藩庫是藩司管的事，不勞你張大人直接操心。這事就交給我吧，我保證把藩庫賬目清理得熨熨帖帖。』

『對！』徐時霖拍了拍自己的大腿，興奮地說，『這是一條妙計。我們自己來辦，那還不什麼都好說！』

『這主意好是好，不過，』葆庚穿起鞋子，下了煙榻，在房間裏走了幾步，『祇是前天張之洞對我說，鏟除罌粟，播種莊稼，是件迫不及待的事，必須督促各州縣儘快做好這件事。他要我來督促。』

『你答應了？』王定安問。

『我能不答應嗎？』葆庚顯出一種無可奈何的神態來。

徐時霖說：『張之洞叫你去禁煙，是不是他已知道了這個秘密。』說罷，用手指了指茶几上的煙燈。

『知道這個不礙事，太原城裏有幾家衙門沒有這個？』王定安也坐起來，伸出一隻黑瘦乾枯的手，慢慢地摸捻着下巴上那幾根鼠鬚。『怕就怕在他知道了那個。』

『哪個？』葆庚的心猛地跳了一下，他已猜中八九分了。

『救災款的事。』王定安陰暗的臉上露出一絲隱約可見的冷笑。『張之洞這是調虎離山，有意不讓你插手清理藩庫的事。說不定他已從別的什麼地方聽到了風聲。若這樣，事情就麻煩了。』

王定安所說的正是葆庚所猜的，他的心裏一下子涼了半截。

光緒三年，布政使葆庚主持山西的賑災事宜。除開朝廷的救濟款和各省的協濟款外，還有大量個人拿出的款項，這筆款子，美其名曰捐款，其實是買功牌款，賣頂子款。這正是當年曾國藩用於籌餉的一個行之有效的方法。

那時，太平軍打進湖南，圍攻長沙八十餘天，朝廷嚇壞了，趕忙下令要正在家守制的曾國藩組建鄉勇，與太平軍對抗。但朝廷拿不出錢來，令地方自籌解決。湖南藩庫也拿不出錢來，要曾國藩自行解決。曾國藩知道一些富裕的商人士紳手裏有錢，但他們不會白白地拿出來，他們要跟朝廷做交易，即用錢來買功名、買官銜。於是向朝廷討了幾百張空白功牌，依捐款的多少，發給不同軍功品級的牌子。有的捐款很多，便給他一個候補知縣、候補知府的官銜。鄉勇招募之初，就靠這個辦法解決了軍餉。後來，曾國荃招募吉字營，也用這個辦法。來到山西做巡撫，面對急需銀子救災的局面，曾國荃又起用這個法寶。向朝廷申請了兩百張空白功牌，全部交給葆庚來處理。朝廷的救濟款和各省的協濟款，都是用公文交代的，蒙混不得，祇有這筆爲數不小的捐款容易混水摸魚。葆庚、王定安都在裏面做了手脚。若把這筆款子清理明白，他們做的事就會露餡。身爲藩司的葆庚就將承擔主要的責任。葆庚如何不慌？

『八成是張之洞聽到有人講救濟款的壞話了。他叫我去督促鏟除罌粟，是想支開我。聽衛静瀾説，張之洞他是要親自辦這件事。』

徐時霖插話：『他這是要急於立功。』

『鼎丞，你不是有三條妙計嗎，這條看來也不行了，把第三條拿出來吧！』葆庚像遇難者求救似的向王定安呼喊着。

第三章　投石問路

王定安離開煙榻，背着雙手在屋子裏走動着，好半天纔開口：『第二條計策是中策，雖比不得上策，但也不失爲一條良策。這一條也不行，那就祇有出下策了。』

『下策就下策吧，你倒是説出來給我們聽聽呀！』葆庚的語氣裏夾有三分惶恐。

『這下策乃是一條古老的計謀。如果辦得好，成效也不可估量。』王定安停了下來，兩隻小眼睛盯着葆庚説，『學漢元帝的辦法，和親！』

『和親？』葆庚一時還没有弄明白。

『我知道王觀察的意思了。』徐時霖的悟性比葆庚來得快些，『咱們好比漢元帝，張之洞好比單于，將一個王昭君來親善彼此之間的關係。』

徐時霖話剛一出口，立刻想到自己送妹子給葆庚，不正是一條和親之計嗎？

『你是説用美人計來籠絡張之洞喔！』葆庚終於弄明白了。他突然高興地説，『聽説張之洞來山西前，剛死了老婆，給他一個美人，那真是雪中送炭！』

王定安不理睬他們郎舅的闡釋，獨自一人邁着方步，嘴裏喃喃地背誦着王安石的《明妃曲》：『明妃初出漢宮時，淚濕春風鬢脚垂。低佪顧影無顔色，尚得君王不自持。歸來却怪丹青手，入眼平生幾曾有。意態由來畫不成，當時枉殺毛延壽……這詩寫得太好了，千古咏明妃之作無出半山之右者。』

望着王定安這一副雅興十足的神態，葆翁又犯難起來。他皺着眉頭，自言自語：『這計策好是好，祇是上哪兒去找一個王昭君呢？』

『這我就不管了。葆翁，這出主意是我，辦事就靠你跟雨生了。叫雨生去找吧！他有的是經驗。』

王定安詭譎地望了一眼徐時霖，徐時霖的臉色頓時十分不自在起來。『你們兩郎舅好好合計合計。天

色不早了，我要回家了。』

王定安拿起銀狐披風，走出藩司衙門的絶密煙室。

五　解州書院裏藏卧着一位四朝大老

位於山西最南部的解州，是一座年代久遠的小城。它處在山西、河南、陝西三省交界之地。出解州城南門走七八十里，便來到黄河邊。

傳説這一段的黄河中有一個小小的島嶼，當年爲人類補天的女媧，便葬在此島上。到了唐玄宗天寶年間，在一個大雨晦冥的日子裏，此島連同島上女媧墓突然失蹤了。八年後的一個夜晚，黄河上出現了難得一見的風雨雷電。第二天早上，人們驚訝地發現，女媧墓冒了出來。墓上長着兩棵丈餘高的大柳樹，墓下是一塊巨大的石頭，當地百姓叫此石爲風陵堆。女媧娘娘本是受人敬仰的女神，再加上沈而復出的傳奇，更提高了她在人們心目中的地位。黄河上往來的船夫艄公，路過此處，都要到風陵堆上去叩拜女媧墓，請求這位黄河不能淹没的神靈保佑平安。風陵堆的南岸便是自古以來有名的險關——潼關。從潼關往西南約走六十里，便到了西岳華山。而潼關的對面渡口，就是風陵渡。三國時期，曹操西征韓遂，由潼關渡河，由風陵渡上岸。至今當地百姓還可以指着岸邊石頭上的痕跡，告訴你這是當年那位叱咤風雲的魏武皇帝所留下的馬蹄印。順着這段黄河向東走約一百五十里，就到了靈寶。安史之亂時，唐肅宗不顧老子玄宗的尊嚴，擅自即位於此。若再回到風陵渡口，往北走大約五十里地，有一處古老的寺院，叫做普救寺。這普救寺不以誦經唸佛出名，它的名聲得力於一段旖旎艷麗的風流故事。

寓居普救寺的窮秀才張生，愛上了路過蒲州借住此寺的宰相之女崔鶯鶯。張生和崔鶯鶯破除門第觀念，彼此愛慕，却不料老夫人不同意。後來張生靠朋友的力量，打退了圍寺的强盗，纔使得老夫人勉强同意。這一愛情故事總算有了個令人歡喜的結局。後來董解元、王實甫將這段傳奇搬上舞臺，數百年來在民間流傳不衰，使得普救寺聲名遠播。一座原本以斬斷情緣爲修行目的的寺院，却仗着一段情緣而傳名於世，也真是有趣的事情。

這便是解州城四周的人文地理。悠久燦爛的文明史，釀造這一帶濃郁的黄河文化氣氛。因此，小小的解州城歷來文風較盛。這裏有一座興建於前明嘉靖年間的書院，聚集着附近三省的優秀學子，向來以學風淳厚而享譽遠近。解州書院這十來年，更是爲士人們所仰慕。因爲這段時期它的主講不是平凡之輩，乃赫赫有名的大人物閻敬銘。

閻敬銘不是山西人，他是陝西朝邑人。朝邑位於晉陝兩省的交接之處，離解州城不過百五六十里遠。閻敬銘中式之前，曾在解州書院苦讀過五年。這五年爲閻敬銘打下了學問根基，也使得閻敬銘對解州書院終生懷有感恩之情。

道光二十五年，三十歲的閻敬銘熬過二十多年的寒窗，終於中進士入翰苑，釋褐而踏上仕途。翰林院散館時，閻敬銘因試卷上錯了一個字，没有留館而改分户部。翰林院清高又空閒，易於遷升，幾乎是所有讀書人向往之地。大家都爲閻敬銘惋惜，但他本人却不感到怎麽遺憾。出身耕讀之家的閻敬銘是個刻苦務實的人。户部主管全國財政，直接關係到國計民生，比起翰苑的吟詩作賦來，對國家的貢獻更爲實在，也更能歷練人。閻敬銘進入户部後，全副身心投入部務之中。他精細練達，又抱負高遠，很快便在户部嶄露頭角，成爲部里幹員。但閻敬銘性格剛直耿介，朝中又無靠山，儘管才幹出

衆，品格脱俗，却在積資升爲主事之後，便再也上不去了。直到咸豐九年，眼看着一個個無德無才的後來者越他而過，四十三歲的閻敬銘仍然衹是一個六品主事，心中甚是憤鬱不平。這時，他遇到了一個知己，此人便是胡林翼。

當時，胡林翼身爲湖北巡撫，正和曾國藩密切配合，統率湘軍，經營長江兩岸的戰事。半年前，湘軍慘遭三河之役的失敗，軍隊元氣至今並未恢復。曾國藩以兵部侍郎空銜客寄江西，軍事蹇滯，湘軍正在艱難時期。東征湘軍的糧餉，衹能靠胡林翼所管轄的湖北，設在武昌的湘軍後路糧臺任務繁難，責任重大，却缺乏一個能幹的人來管理。胡林翼在與户部打交道的過程中，得知閻敬銘的精明能幹，便上奏請求調閻敬銘來武昌管理湘軍糧臺事。在户部鬱鬱不得志的閻敬銘一直關注着南方的兵事，私心早已對曾國藩、胡林翼仰慕不已。他渴望着能結識這兩位大人物，從他們那裏學到治國辦事的真才實學。他也知道，此時從軍固然充滿着危險，但也同樣充滿着機遇，與其在户部久抑不伸，不如到軍營中去闖一闖。軍營正當用人之際，自己的能力可以得到充分的展佈。儻若機遇好，説不定很快便可以出人頭地。

就這樣，閻敬銘毫不猶豫地捨棄舒適悠閒的京師生活，隻身來到兵凶戰危之地的武昌城。正六品銜的主事與從二品銜的巡撫之間相差得太遠了，何況這位巡撫還是一個戰功卓著的軍事統帥。閻敬銘懷着偈促的心情，第一次拜見胡林翼，孰知大出意料之外。這位身子瘦弱的湘人，一點没有封疆大吏的架子，其謙和平易，完全出於一片天性。閻敬銘想起户部以及京師其他衙門裏的那些大人老爺來。他們胸無半點實學，却架子大得很。同一個衙門裏，則是官大一級壓死人。那種沈悶刻板、暮氣深重的衙門作風，與眼下這裏的鋭意進取、奮發有爲的景象簡直有十萬八千里之差。閻敬銘在這裏看到了

第三章 投石問路

自己的事業所在，也看到了真正的人生價值所在。

在湘軍的後路糧臺做了三個月的協理之後，胡林翼便將總理一職交給了他。不久，又趁着前綫一次勝仗的機會，在奏章裏大爲表彰閻敬銘調度糧餉的功勞，將他保舉爲員外郎。有如此投緣相契、知人善任的上司，有如此足以讓自己施展才幹的空間，真是人生的幸運！閻敬銘慶幸自己遭逢了難得的好機遇。他竭盡才智，調遣各路糧餉，儘量保障前方源源不斷的供給。他忠於職守、廉潔奉公，手頭日過千萬兩銀子，却兩袖清風，一塵不染。胡林翼敬重閻敬銘的德才兼備，與他推心置腹，兩人成爲肝膽相照的摯友。隨着胡林翼的不斷保舉，閻敬銘從員外郎升爲道員。

咸豐十年底，曾國荃圍攻安慶。到了緊急關頭，胡林翼親率部隊移營太湖協助。太平軍趁着武昌空虛之際，欲解安慶之危，施行圍魏救趙之計。李秀成、陳玉成率領二十萬人馬，沿長江南北兵分兩路向西進軍。北岸陳玉成兵行迅速，由英山進湖北，長驅直入，奪取孝感、黄陂，兵鋒直指武漢三鎮。武昌城裏既無主帥，又無兵馬，一時間驚惶失措，亂成一團。各大衙門大門緊閉，官員紛紛外逃，湘軍後路糧臺的人員，也幾乎逃亡一空。惟有閻敬銘臨危不亂，堅守糧臺，將一根麻繩置於案頭，心裏作好準備：若太平軍攻入糧臺，則懸樑自盡。後來，因爲種種原因，南岸李秀成的部隊並没有按原計劃進行，陳玉成也便放棄了進入武漢的打算。武昌城的各大衙門虚驚一場。當那些逃走的糧臺官員又重新回來辦事的時候，面對着閻敬銘，真是又敬服又羞慚。胡林翼爲此特地上疏朝廷，稱讚閻敬銘理財既爲湖北第一，操守血性更是併世難得，宜堪大用，請擢升爲湖北按察使。那時胡林翼乃朝廷南天柱石，咸豐帝依畀甚深，於是諭旨下達：閻敬銘補授湖北臬司。

來到湖北不到兩年，便從一個微不足道的小京官，升到負責一省的司法大吏，並讓皇上和各省都

第三章　发石问路

知道自己是一個濟世幹才，閻敬銘怎能不欣慰萬分！而之所以有這一切，完全是因爲胡林翼的賞識、重用和提拔。他心裏對胡林翼有説不盡的感激和崇敬。他要傾盡全力襄助胡林翼，完成厎定江南、中興天下的大業。

不料，胡林翼因勞累過度，肺病大作，終於不起，年未五十而撒手人寰。閻敬銘傷痛不已。他既爲自己頓折良師益友而傷心，更爲國家頓失擎天樑柱而痛心。繼任的巡撫嚴樹森蕭規曹隨，一本胡林翼的成法治理湖北，支援東征湘軍，並更爲仰仗閻敬銘。不久，閻敬銘署理湖北布政使。

第二年，閻敬銘署理山東巡撫。同治二年，實授魯撫。那時，山東正是朝廷與捻軍交戰的重要戰場，閻敬銘名爲巡撫，實爲帶兵的將領。他晝夜在軍營操勞，早年的風濕病復發。同治六年，年僅四十八歲的閻敬銘便辭去巡撫，回原籍朝邑養病。同治八年復出，衹做了兩個月的工部侍郎，便又辭職回鄉。之後，朝廷多次命他出山，他均以病未痊癒爲託辭不應詔。

光緒三年，山西大旱，朝廷命他協助曾國荃在山西賑災。賑災是救民水火的大事，何況曾國荃爲多年的戰友，閻敬銘不便再推辭。辦了半年的賑務，民心初定之後，他便又離開官場。這幾年，朝廷又兩次要他進京，他兩次都推辭了。閻敬銘年未及知命而位居方面，也可以算是官場中的得志者，爲何一再不奉詔，甘居山野老於林泉呢，難道真的是疾病的原因嗎？當然不是！

病痛這東西是人人都不想有的，但有時，它又能給人帶來某些用途，尤其是政壇上的人物，常常要借用它來玩點把戲，使點障眼法。古往今來，凡政界人物所謂的因病不能任職的話，絶大部分是另有原因不便明説，於是，或自己用來做託辭，或別人用來遮掩視聽。這也可算是人類文明史上的一大創造吧！

第三章 投石問路

那麽，閻敬銘不便明説的原因究竟是什麽呢？一言以蔽之，即失望。最先使他失望的是江寧城攻下後，湘軍將士和他們最高領導集團的表現。

同治三年，曾國荃率領的吉字營在圍攻三年之後，終於把太平天国的都城打下來了，隨之而來的便是發瘋一般的燒殺、搶掠。一座錦綉般的古都被焚燒殆盡，太平天国集聚的無數金銀財寶被洗劫一空。閻敬銘面對着這極不情願看到的現實，心裏痛苦不堪。多少年來，湘軍不是高喊着勤王室、衛孔孟的口號，聲稱自己是正義之師嗎，爲何這時野獸般發泄心裏的仇恨，强盜般打家劫舍？這衹能使他想到，他們原本便是衝着江寧城裏的財富而來的，所有動聽的宣言都是欺世盜名的謊話。而自己，身爲糧臺總理，多年來苦心經營，爲他們提供充分的糧餉，實際上衹是爲他們能有今日提供保障罷了。

接着使他失望的，是山東的剿捻戰場。過去閻敬銘在湖北做的是軍需後勤之事，到山東後纔親自執掌兵權，瞭解到前綫的真相。捻軍是烏合之衆，如果朝廷的軍隊精誠合作，共同對敵，捻軍原本很快可以撲滅。但朝廷部署在山東省的四支部隊：當地緑營、淮軍、湘軍和蒙古馬隊，却彼此牽制，互不買賬。衹是争功争餉，保存實力，並不衝鋒陷陣。使得一支人數並不多的捻軍，在山東境内東竄西突，所向無敵。閻敬銘身爲山東巡撫，却不能協調這四支各有主帥的人馬，他有時氣得吐血也無濟於事。直到他引疾歸里，山東軍事仍無進展。他不明白，拿着高俸的將領和喫着餉糧的兵勇，爲何對朝廷如此不忠不誠？

第三個令他失望的是工部的狀況。十多年前在户部，閻敬銘衹是一個小小的主事，部裏的機密要務他無權涉及。做了工部右侍郎後，他纔知道工部糟糕透頂。漢尚書其實對部務一竅不通，他的興趣衹在研究三禮。一月之中有半月不來部視事，窩在家中著書立説。他不明白，朝廷爲什麽調這樣的人

來掌工部。既然熱中於學術，何不成全他，讓他在翰林院做個內閣學士呢？滿尚書是個宗室，不學無術，頭上頂子靠的是祖宗的福蔭染紅的。此人是個美食家，提到京師各大餐館的菜肴特色來兩眼發亮，聽到部屬談起正事來則雙目無神。閻敬銘也不明白，朝廷爲何安排這樣一個人來掌工部。他家裏有的是幾代人花不完的銀子，何不讓他在家喫喫喝喝，做一個清閒自在的公子王孫，要他在工部衙門當差，受這份罪做什麼？工部的權力實際上掌握在其他三個侍郎手裏。他們每興建一項工程，則向朝廷多報三到五成的費用。發到各省，則又減去二至五成的銀子，然後還要勒令承辦工程的商家給他們送回扣、打紅包。他們就這樣貪污中飽，富得流油。閻敬銘看不慣這一套，既不收紅包，又不接回扣。這樣一來，閻敬銘便成爲他們的障礙。三個侍郎聯名上章，說閻敬銘疾病纏身，神智昏倦，工部事繁，不能勝任，不如調到禮部去，清閒舒服，人地相宜。閻敬銘知道他們的用心，便乾脆順水推舟，藉病辭職。他已深爲厭惡這個齷齪卑污的官場了，決心布衣終世，再不爲官。

閻敬銘以侍郎之身回到朝邑，立刻驚動方圓數百里的官府士紳。陝西、山西、河南三省仰慕的、巴結的、藉重的，紛紛前來拜訪，並邀請他出來爲地方做點事。閻敬銘一概拒絕。衹有當解州書院八十歲的老山長谷實穗先生親來看望，請他主講書院時，他却不能推辭了。一來，谷老先生當年在解州書院，曾親自教過閻敬銘五年的書。閻敬銘之所以能中進士、點翰林，谷老先生悉心培育之功不可沒。老先生的面子，豈能不給？二來，解州書院乃閻敬銘的發祥之地，恩情深重，不容他不回報。三來，閻敬銘也想從解州書院裏挑選幾個可資造就的學子，着意栽培，將來爲國家培養幾個人才出來，也是晚年所作的一樁大好事。就這樣，從閻敬銘回來的第二年，便出任解州書院的主講，直到今天。

流年如水，十五六個春秋就這麼過去了。閻敬銘以山水風光自娛，教書育人爲樂，日子過得無拘

無束、瀟灑自如。同治七年，以曾國荃、鄭敦謹爲首編輯的胡文忠公遺集雕板告蕆，胡家特爲送給閻敬銘一套。他讀故人遺墨，如與故人對話。十多年間，手中這部胡文忠公遺集他不知讀了多少遍，愈讀愈對胡林翼欽佩不已，愈讀愈對胡林翼的事業後繼無人遺憾不已。他有心在解州書院尋求一個英才來傳遞胡氏薪火，但至今也沒有看出一棵苗子來。這天他剛從書院下課回家，喝了一口茶，正想拿起胡文忠公遺集中的《讀史兵略》再瀏覽瀏覽，忽聽得外面傳來一句洪亮的異鄉口音：『請問，閻老先生是住在這裏嗎？』

閻敬銘忙放下手中的書，大步向門外走去。

六　敢參葆庚、王定安，看來張香濤不是書呆子

閻敬銘走出門外，看到眼前站着一位四十開外的中年人。此人穿着一身黑色緊身衣褲，背上背着一個黑色行囊，與行囊並列的是一把黑柄長劍，面孔黧黑，五官端正，左手牽着一匹鬃毛黑亮的戰馬，那馬正悠閒地低頭喫着墻邊的野草。閻敬銘心裏誇道：十多年沒見到如此英武挺拔的人物了，這是哪來的脫下戰袍的將軍？他臉上露出讚許的笑容，說：『我就是閻敬銘。請問足下尊姓大名？從哪裏來？』

那人一聽，忙丟開繮繩，雙手抱拳深深一揖說：『您就是閻丹老，剛纔多有冒犯。敝人從太原府來，名叫桑治平，奉張撫臺之命，特來拜謁您。』

桑治平說罷，擡起頭來將閻敬銘認真地看了一眼。如果不是本人自報家門，他簡直不能相信，面前站立的這位，就是曾經做過山東巡撫、工部侍郎的大官員，就是那個受胡林翼器重、被慈禧太后簡

記於心，朝廷多次徵召的中興名臣。桑治平不覺又細細地看了一下：滿臉粗糙的皮膚，上面有許多條刀刻劍剁般的皺紋，頭髮快白完了，鬍鬚雜亂，好像從未修整過似的。背微微有點駝，已是仲春時光了，身上還穿着厚厚的粗布黑棉袍，顯得臃腫。渾身上下，純是一個北方老農的神態，找不到半點卿貳大臣的氣概。

『桑先生，請進屋裏説話吧！』閻敬銘操着濃厚的陝西口音招呼着，這聲音如同從水缸裏發出的一樣，瓮聲瓮氣的。

這是一座極爲普通的晉南農舍，就坐落在解州書院的旁邊。進了大門後，閻敬銘將桑治平請進了他的書房。這書房也很簡陋：一個白木板做成的書架，零零散散地擺着幾十本書，桌椅板凳也都没有上漆，惟一顯眼的是正中墻壁上掛着一副裝裱精緻的對聯：萬頃烟波鷗世界，九天風露鶴精神。上聯右上角寫着一行小字：書滁丈舊聯以贈丹初兄。下聯左下角也有一行小字：益陽胡林翼於武昌節署。

剛坐下，一個六十餘歲、布衣布履滿頭白髮的老太太，雙手端了一個粗泥大碗走了出來。閻敬銘説：『這是賤内。請桑先生喝茶。』

桑治平心裏一驚，忙站起身來。他懷着一股複雜的心情，恭恭敬敬地接下這碗茶，雙手捧着，似覺有千斤之重。閻敬銘坐在一旁説：『坐吧，坐吧。解州偏窮，没有好茶葉，請將就喝點。』

桑治平望着碗中粗大的葉片和黑黄黑黄的茶水，舉起碗來喝了一大口。茶水苦澀，而他心裏則充滿甘甜。桑治平足跡遍南北，結交半天下，第一次遇上這樣一位奇人。胸中藏着經天緯地的大才，外表却如木訥無文的耕夫；雖出入玉堂金馬之門，久坐虎皮交椅，如今却怡然自得於竹籬茅舍之中；曾執掌生死大印，調度銀錢千千萬萬，如今却四壁蕭然、家無長物；曾前呼後擁、八面威風，指揮過千

軍萬馬，如今却心如古井，寂然與一個白髮老嫗共度晚年。是青少年時期的長期艱苦，養成了這種見苦不苦的脾性，還是歷經富貴繁華後的返璞歸真？是天性如此，還是大智大慧？不管是出自於何種原由，十多年這樣過來，歲月豈不將他的生命與這一切融爲一體了，他還能拋得開、離得了嗎？他還願意重返官場、再肩大任嗎？

望着桑治平這樣大口地喝茶，閻敬銘想他一定是餓了：『老妻正在爲你煮飯，是不是先喫兩個冷山藥蛋充充飢？』説着就要起身去拿。

『不用，不用！』桑治平忙説，『肚子不餓，我是喜歡這種泥碗泡出的粗茶水，本色本味，最是宜人。』

『桑先生從太原府來，却不嫌老朽這裏的簡陋，真是難得！』

仿佛他從來没有出過解州城，一輩子未見過世面；仿佛他從來就是一個種田人，一輩子没享過福。這句話説得如此自然，如此順口，令桑治平心裏感慨不已！他放下行囊，從裏面取出一個大信封來，雙手遞了過去：『丹老，這是張撫臺給您的信。』

『老朽與張撫臺向無交往，他怎會想起給我送信來呢？』閻敬銘邊説邊接過信封，從中抽出一封信來，他眯着兩隻眼睛看着：

丹老前輩大人閣下：

二十年前，之洞正欲束裝就道，遵恩師之命赴武昌，拜在老前輩帳下，求治國真學問，詎料凶耗傳來，恩師仙逝，萬般無奈，祇好止步。從此關山睽違，不得親炙。至今思之，尚痛悔萬分。

老前輩建不世功業，孚海内人望，而急流勇退，隱身晉南。對老前輩而言，慕前賢之風，志節

可嘉；對國家而言，老成閒置，大匠歇手，誠爲絶大憾事也！

兩年前，之洞應詔薦舉天下人才，即以老前輩爲當今第一英傑上奏。客歲冬，奉命承乏三晉，臨行陛辭時，太后殷殷垂詢，數次問起老前輩，命之洞打聽消息，若身體尚可，務望來京輔助朝政。綸音親切，令下臣感慨萬分。今特囑友人桑治平前來拜謁，敬問起居。之洞初到山西，雜事叢集，待稍清眉目後，便南下解州，立雪程門，請教治晉方略。託桑君順帶二十年前恩師給之洞親筆信函一封。恩師當年對老前輩之讚美，皆已獲驗證，而『入閣拜相』之期望，也即在眼前。老前輩定不會長與漁樵爲伴，而令友人九泉之下於不安。

晚之洞叩首

閻敬銘看完信後，嘴角邊微微露出笑容。他擡起頭來，正與桑治平凝視他的目光打了個照面。桑治平的目光明淨而深邃，友善而堅毅，使閻敬銘心頭一亮：此人不是凡俗之輩！

『張撫臺信上説，有胡文忠公二十年前給他的信一封，託桑先生帶來，可否給老朽一看。』

『這封信是特爲給您帶來的。』桑治平又從行囊中拿出一塊長約八寸寬約五寸的小木板來。他用手一壓，一塊木板分爲兩片，裏面平平整整地壓着幾張信箋。桑治平將信箋取下，恭送給閻敬銘。

閻敬銘的雙手在黑布棉袍上擦了兩下，臉色端凝地接過信箋，説：『你稍坐一下，我去拿副眼鏡來。』一會兒，閻敬銘從隔壁房裏拿了一副眼鏡出來。桑治平看那眼鏡十分陳舊，一隻腳已不見，代之以一根麻繩。閻敬銘將老花眼鏡戴上。再次捧起信箋時，桑治平見他的雙手微微顫抖，兩片乾瘦的嘴唇似在抽動。此情此景，與剛纔看張之洞的信迥然不同。桑治平哪裏能够體會得到，這位厚貌深顔的老者此時的心情啊！

閻敬銘面對這封胡林翼的親筆信，就如同見到了去世多年的老朋友。他在心裏默誦着胡林翼信上的文字，就如同聽到老朋友在説話。二十年前武昌城，在巡撫衙門裏，在糧臺衙門裏，他們就這樣面對面坐着，商量軍國大事，部署東征戰略，談論詩詞文章，也敘説家庭瑣事人情世故。那輕輕的、娓娓動聽的益陽官話裏，充滿了多少智者的思索，仁者的友情啊！

正如張之洞所説的，這封信是胡林翼寫給正在南皮原籍温習功課，準備明年春闈的張之洞的。胡林翼在信上對他昔日的弟子説，趁着現在有空，不如南下到武昌住段時間。書固然要讀，但不能鑽在書堆裏不問世事，博取功名不是讀書的最終目的，最終目的是經世濟民。以你現在的學問，明年的會試高中如探囊取物，倒是治國辦事的真才實學，是要考慮的大事。明年中式之後，或進翰林院，或任百里侯，則再没有歷練的時間了，此時是你一生中最爲難得的時光。

閻敬銘邊讀邊點頭，深知胡林翼這番告誡弟子的話，是真正的閱歷之言。閻敬銘自己三十中進士，比起那些二十幾歲便金榜題名的人來説，他的功名不能算早達。然而正是發皇較遲，纔有充分的時間讓他做幕僚，做賬房先生，從而練就實際的治事能力。後來一到户部，就能獨當一面。對於各省報上來的賬目，哪些是誠實的，哪些是摻了假的，他一眼就可看出七八分來。閻敬銘將信再看下去，接下來胡林翼就説到了他。

老友信上説：糧臺總理閻丹初先生乃當今賢能之士，理財本領湖北第一，天下少有。東征湘軍能足餉足糧，全靠此人大才籌運，這是真正的濟世大學問。林翼自是遠不能及，環顧今日宇内大吏名宦，亦鮮有及者。此等學問非書齋可求得，須從歷練中來。賢弟日後要做社稷之才，不可無此學問。丹初先生才華出衆而篤實謹恪，前途不可限量。今日在武昌做臬司，明日或調他省做藩司，後日再升

爲巡撫，都是意料中事。過幾年拜相入閣，也必是題中應有之義。此時來武昌，憑林翼薄面，尚可勉收你爲入室弟子。再過些日子，或外擢或內升，那時林翼鞭長莫及矣。常言道：機不可失，時不再來，賢契接信後即可整裝南下，林翼在黃鶴樓畔翹首盼望也！

『藩司』『巡撫』『入閣拜相』這些話，胡林翼當年從來沒有當面說起過。信上寫的，是他對千里以外的弟子的預言。二十年過去了，藩司、巡撫，這些預見已成事實，如此說來，『入閣拜相』也將會成爲現實？一時間，年過花甲的閻敬銘心裏熱了起來。哪一個讀書人不巴望自己有入閣拜相的一天，何況做過大員、胸負奇才的閻敬銘！他之所以盛年歸田，是因爲出於對世事的失望，也因此而使得對自己的前途失望。胡林翼二十年前的這封信，喚回閻敬銘消逝已久的熱情。其實，這些年來，解州書院主講的心靈深處，何嘗就真的淡漠了一切，就真的對宦海官場心如死灰？平生大志未得充分展佈的隱隱之憾，常常在一覺早醒、中宵月夜之時，在一人獨酌、醺醺微醉之際，像一隻嘴角尖利的小蟲鑽在他的胸腔，撕咬着他那顆清高而孤獨的心。但是，一旦晨曦初現，或醉意清除的時候，他便很快釋然了。朝廷雖說數度徵召，但也沒言明授予何職。閻敬銘知道自己性格耿介，隻身孤影，朝中向無奥援，授職也不過巡撫、侍郎而已。與其再失望，不如不出山。閻敬銘的內心深處，就這樣反反覆覆地波動着。而外表則一如黃河岸邊之老農，日觀濁浪排空，夜聽驚濤裂岸，於世事人生似乎渾然兩忘。人們都說，胡林翼識人有過人之處，如此看來，入閣拜相，或許不是空泛之談，今生還可能有一番非常作爲？

正在閻敬銘這樣思來想去的時候，他的老妻已把晚飯做好了。於是，他把胡林翼這封信鄭重交還給桑治平。然後，陪着桑治平喝了幾盃紅薯釀成的甜酒，歡歡暢暢地喫了一頓晉南農家飯菜。飯後，

他又陪着桑治平在解州書院前前後後走了一圈，興致濃厚地講述書院的掌故人物。直到太陽西沈，山風漸冷時，他們纔又回到那間簡陋的書房喝茶敘話。

在太原時，張之洞和桑治平就閻敬銘的事商量了好久。桑治平認爲，從種種跡象看來，閻敬銘此番若願意入京，朝廷必加重用，職位將在侍郎之上。張之洞同意他的這種分析，說若能促成閻敬銘出山，則功莫大焉！桑治平說，是的，此舉可一石三鳥！對太后來說，可謂不負聖命。朝廷多次徵召而不能成的事，這次能辦成，可獲太后嘉許。此爲一鳥。對你來說，經此番接觸，閻敬銘心中將存感激，今後可望成爲朝中的得力內助。此爲二鳥。對閻敬銘本人來說，平生大才可望得到充分展佈，不至於老死於解州書院而抱恨終天。此爲三鳥。張之洞笑着說，這話說得好。你這次去解州，相機行事，務必要請動他。就這樣，桑治平啣命來到解州書院。

『我原以爲桑先生是撫臺衙門裏的人員，讀了香濤的信後，方知足下乃他的朋友。請問足下，是原本就住在太原，還是這次與香濤一道從北京來晉的呢？』

胡林翼的信拉近了閻敬銘和張之洞之間的距離。在他的意識中，似乎有一種把張之洞視爲自己弟子的感覺，他不再用『張撫臺』這樣嚴肅而疏遠的官銜，而改用『香濤』這樣較爲隨便親切的字號來稱呼張之洞。桑治平聽了後，也覺得他與眼前這位古怪老人的距離拉近了許多。

『丹老，』桑治平以一種晚輩兼學子的態度答道，『我原是香濤的堂兄子青制臺的畫友。這些年來子青制臺致仕回南皮，我一直飄零江湖，承蒙香濤看得起，去年隨他來山西，做點小事。』

『喔！足下原來是張子青先生的畫友，失敬，失敬！』閻敬銘兩眼射出喜悅的亮光來，與剛纔昏花的眼神大不一樣。桑治平暗暗喫驚，心想：這樣的眼光大概纔是前糧臺總理的本色。『我那年在山東

眼下正有一件大事，衹要敢碰，且一碰到底，就能天崩地裂。這件事就是清理積壓三十年的庫款。』

『三十年了，這要牽涉到多少個山西巡撫和藩司，他張香濤就不怕惹這個麻煩嗎？』

『不怕！』桑治平堅定地回答，『張撫臺説，決不是這三十年內所有的巡撫和藩司都有問題，牽涉到哪個人的頭上就是哪個人，決不含糊。』

閻敬銘望着桑治平那種不容置疑的神態，頭輕輕地點了兩下。山西的情况他是很清楚的，這幾年吏治腐敗的根源之所在，他早就心裏有數。作爲一個正派廉潔的前大吏，閻敬銘對山西官場這種卑污貪婪的局面，是恨之入骨的。無奈這些年來歷屆巡撫，都不是除貪拒賄的人：鮑源深本人就是見錢眼開，曾國荃居功賣老不管事，衛榮光膽小畏縮又體弱。現在來了個張之洞，年富力强，又新擢巡撫，應該有一股英鋭之氣。但張之洞長年爲詞臣學官，不諳政事，其名聲靠的是清議文章。從來清流都是書呆子氣十足，或眼高手低，或閉門造車，或祇唱高調而不懂轉圜，大都不是辦事的料子。他要測試一下張之洞的深淺，也要看這位桑先生——張之洞的高參的辦事能力。

『聽桑先生剛纔所説，的確可見張香濤的勇氣志量，這兩把火都燒到要害了。不過，我倒要請教一下，不知張香濤和足下談過没有。』閻敬銘稍停一下，説，『晉人廢莊稼種罌粟已久，驟然鏟除，一則損害他們眼前之利，二則補種莊稼的種籽從何來？』

桑治平立即答道：『張撫臺已經慮及到了。先對農人曉以大義，勸其自行鏟除。若再三勸告不聽，則採取强硬手段，務必鏟除而後止。這是硬的一面。另外，凡改種莊稼的農户，州縣發給種籽和部分農具。秋收衹收半税，以彌補虧損。』

『喔！』閻敬銘摸着乾癟的下巴，沈吟片刻又問，『官場貪污受賄，固然是官吏利慾之心重的緣故，不知香濤想過没有，官吏們尤其是府州縣中的吏員，俸禄低薄，且多年來形成了許多陋規。如過年過節，下屬必須向上司貢獻年禮節禮，平素也有各種名目的禮要送，這些也都是促使他們貪污受賄的原因。此弊不除，官風何以正？』

猶如審問似的，閻敬銘以嚴厲的口氣説完這一段話後，便兩眼緊緊地盯着桑治平。

這一問，問得很尖鋭，而且張之洞還没有具體來籌辦這件大事，並没有和桑治平商討過。但官場這個弊病，桑治平以自己的閱歷也看到了。不但地方上，京師官場這個毛病也很嚴重，各個部衙門的小官吏們，如果單靠衙門的俸禄過日子，那日子其實是相當清苦的。不要説在百姓面前抖不起威風，就連比一間雜貨店的小老闆都不如。現在別人叫你辦事，衹要你開口，銀子就到了手裏。這樣的口，爲何不開？還有許多人情願送錢送禮到家裏。這樣的財貨，爲何要拒絶？即使自己想清廉，家人也不答應呀！桑治平常常想，要根絶官場的貪污受賄，光靠道德約束和律令儆戒是不够的。提高薪俸，讓小官小吏們的日子過得比老百姓優裕，對大部分人的貪心是可以起着消弭作用的。其實，『厚俸養廉』這句老話，古已行之。可惜，當今廟堂之士們都忘記了這條古訓。桑治平年輕時就想過，有朝一日自己有了一番實權的話，一定要在所轄之地將『厚俸養廉』這一古法恢復。眼見得今生無望手握實權了，不如勸説張之洞，假他之手來恢復。這其實也是對他整飭山西吏治的一個很好的贊畫。

想到這裏，桑治平以很高興的口氣答道：『張撫臺也想到這一層了，並已定了新的規矩。新規矩一方面全面禁止官場各種饋送上司水禮之風，他自己帶頭持身節儉，拒收一切名目的禮物。新規矩的另外一面，酌情提高各級官吏衙門的養廉費，讓他們能憑自己的俸禄過上體面日子。』

『免一半的稅收，發放種籽，提高養廉費，收入減少而支出增加。張香濤想没想過，山西是窮省，這筆銀子從哪裏出？』

桑治平毫不遲疑地回答：『正因爲如此，張撫臺要清理庫款。另外，他還風聞前兩年，有一筆爲數不小的賑災銀子被人侵吞挪用，要藉此機會追回來。』

『主持賑災的是藩司葆庚和冀寧道王定安，他們都是山西的大員，碰到他們的頭上是會出大麻煩的。』閻敬銘半眯着眼睛，端起桌上的粗泥茶碗。

『張撫臺説，不管是兩司還是道府，都照查不迴避，該賠的賠，該參的參！』

閻敬銘一邊吹着碗中的茶葉片，一邊慢條斯理地説：『葆庚可是黃帶子，朝中之人多着哩！王定安是曾九帥的紅人，曾九帥那人的脾氣最是不好。』

桑治平不假思索地説：『張撫臺已做好了準備，一清到底。祇要葆庚、王定安真的侵吞挪用善後局的賑災款，不怕他們的後臺有多硬，照參不誤，大不了丟掉一頂烏紗帽而已！』

『好！有風骨！』閻敬銘刷地站起身來，將粗泥茶碗往茶几上重重一放，目光直射桑治平。『對這些貪官污吏就要這樣，要使出强硬的手段來。我對你説句實話，在山西祇要參倒了葆庚、王定安，整飭吏治就算做到了實處。張香濤敢參葆庚、王定安，就不是書呆子。文忠公有眼力，收了這樣一個好弟子。當年文忠公在武昌節署簽押房裏懸掛着一副他手擬並親筆書寫的對聯，湖北官吏們人見人讚。我今天把它寫出來，轉交給張香濤吧！』

桑治平見閻敬銘的情緒這樣好，甚是高興：『那太好了，我代張撫臺謝謝您！』

閻敬銘走到書桌邊，拿起兩長條現成的宣紙來，桑治平忙着給他磨墨。閻敬銘飽蘸濃墨，挺直腰杆，懸起右臂，端神運氣。然後，一揮而就寫出兩行字來：以霹靂手段，顯菩薩心腸。

『好！』桑治平不覺大聲叫起來。

閻敬銘没有停筆，在上聯右上角寫了一行小字：胡文忠公舊聯，録之以贈香濤賢契。又在下聯左下角寫着：閻敬銘壬午仲春書於解州書院。

桑治平説：『丹老，您這份禮物太重了。張撫臺必定會將它懸掛於撫署簽押房，激勵自己並告誡各衙門的官吏們。』

『你回去告訴張香濤，胡文忠公是個有真正大學問大本事的人，要他好好研讀乃師留下的文字。同治年間，曾國荃、鄭敦謹主持編輯胡文忠公遺集，胡家刷印了三百部分發給親朋友好，不知香濤手裏有没有這部書。若没有，我這裏有一部，送給他。』

桑治平説：『丹老的忠告，我一定會告訴張撫臺的。張撫臺説您是理財高手，山西貧瘠，銀兩匱乏，如何開發財源，他想請您爲他贊畫贊畫。』

『山西這個地方，説窮它窮，説富它也富，就看當家的有没有本事造福。我没有理由不支持他。你回去告訴他，天氣暖和時，我到太原去住段日子，幫他謀畫謀畫。』

『那就這樣説定了。』桑治平望着這位已絕跡政壇多年的中興之臣，心中充滿着喜悦。既然願意去太原幫助張之洞，那麽在張之洞的勸説下接受朝廷的徵召，也將是有可能的。此次解州之行的目的算是達到了。『丹老，初夏時分，我專程來解州書院接您。』

『行！行！』

晤談了大半天，桑治平這纔看到閻敬銘的臉上流露出歡愉的笑容來。

第四章　晉祠知音

一　爲了五萬兩銀子，張之洞不得不違心替票號老闆辦事

桑治平回到太原後，將此次解州之行的詳情向張之洞作了稟告。閻敬銘用世之心既未消亡，復出的可能性就存在着。這些年來之所以詔命數下而不應，除開先前的過節沒有化除之外，關鍵之處乃在於他不知道太后將會如何安置他，會給他一個什麽職位。張之洞覺得自己有責任向太后挑明這一點，告訴太后：閻敬銘是個咸豐朝就做過藩司，同治朝就做過巡撫、侍郎的有功老臣，此番既然再次請他出山，宜拜協辦大學士，至少應給一個尚書；否則，就不能表明朝廷敬老尊賢的誠意。

但如此重大的人事建議，是不能隨便向太后提出來的，張之洞深知此中干係。今日朝中可以向太後進這種言的，衹有恭王、醇王等幾個很親近的王公大臣。是否可以通過醇王來向太后轉達這個意思呢？冷静地掂量掂量自己與醇王的關係，張之洞衹得放棄了這個想法。要麽，將此意思告訴子青老哥，再請老哥寄信給醇王呢？繞一個這大的圈子，也似乎過分了點。

反覆斟酌後，張之洞決定不提這個敏感的事，而是以山西巡撫的身份，重提光緒三年閻敬銘在山西的業績，以至於三晉父老至今仍不忘朝廷的恩德。又細細地説明閻敬銘前些年之所以未應詔復出，實因右臂麻痹、左腿痛風之故，並非出於别的原因。此次派人前去解州，親眼看到閻敬銘腿臂風痹之疾已近痊癒，精力彌滿，足可爲國再擔大任，且本人亦願意爲朝廷効力。

他將親擬的這份奏摺交人謄正後，鄭重其事地放砲拜發，然後開始部署必須立即着手的幾樁大事。首先要做的是鏟除罌粟，恢復莊稼。張之洞將它列爲治理山西的頭等大事。他把藩司葆庚請來，要葆庚主持這件事。

葆庚裝了一肚子勸張之洞不要清查庫款的理由，但張之洞就是不提清庫這樁事。葆庚也就不便説。他以一副極爲誠懇的態度對巡撫説，鏟除罌粟，復種豆麥是件很好的事，但這裏面困難很大，農人也不是不知道豆麥的重要，但罌粟的收入要强過豆麥十倍，利益驅使他們棄道義於不顧，現在要他們丢掉這樁大宗收入，他們會有抵觸。何況山西農人已多年不種莊稼了，許多農家的耕牛賣了宰了，種籽也没有了，現在一時半刻叫他們從哪裏去找耕牛種籽？

張之洞説，罌粟獲利再多，也不能種下去。農人愚昧，衹圖眼前，不圖將來，衹顧自己，不顧國家。這就需要我們來强行撥亂反正。本部院將向朝廷稟報此事，請來聖命，不管有多大的阻力，都不能動摇；至於缺少耕牛種籽，可以向鄰省去買。葆庚忙説，買耕牛種籽要大批銀子，現在藩庫緊絀，哪來這筆銀子！

此事張之洞早已思慮良久。的確，眼下藩庫的賬簿上是拿不出這筆銀子來，那銀子又從何處出？山西積貧，簡直找不到籌措這筆開支的任何法子。思來想去，還衹有把希望寄託在清理庫款上。憑着多年官場的經驗，張之洞知道藩庫裏必有油水可撈。不僅僅是爲着整飭吏治的長久目標，即便爲解決眼前的燃眉之急，也必須清查藩庫，而且還必須從中清出一筆銀子來。否則，這個山西巡撫怎麽做得下去！

爲清庫這事，葆庚已費盡心機。他比誰都明白，此事真正非同小可，一旦查出自己的問題來，必

被革職查辦，說不定還會抄家坐班房，自己的一生毀了不說，還要累及妻妾子女。一定要制止這個愛出風頭的名士巡撫的沽名釣譽之舉。王定安的計策不妨拿來試試。

『中丞，聽說您要清查藩庫賬目？』猶豫片刻，葆庚還是提出了清庫的話題。

『是的。』張之洞坦誠地回答。『山西藩庫三十年來未清理過，真是咄咄怪事。普天之下，怕找不出第二個來了。我身爲山西巡撫，怎麽能容忍這種怪事繼續存在？』

張之洞的答覆如此斬釘截鐵，葆庚一時語塞，遲疑片刻後說：『三十年來沒有清查過，賬目混亂，許多舊賬已無從查起，如何着手？何況一旦認起真來，便要牽涉到好些個前任巡撫，豈不更麻煩？』

『葆翁放心。』張之洞胸有成竹地說，『清查起來困難很多，這是一定的，但事在人爲，祇要下定決心去做，沒有辦不成的事。至於對歷屆前任的牽涉，我想自然免不了，將來要具體對待。凡不是存心貪污中飽，我看都可以不再追究，把賬目理清楚就行了。如果有人在裏面混水摸魚，把朝廷的銀子和山西父老的血汗據爲己有的話，張某人將對他不客氣。』

說到這裏，張之洞想起了曾國荃。他知道葆庚與曾國荃的關係非同尋常。爲了讓這位布政使明瞭自己的堅定態度，他特意强調：『不管他是誰，也不管他過去有多大功勢，如今有多高地位，我張某人都不會畏懼。祇要真憑實據在手，我都敢參劾。』

葆庚的心震動了一下。張之洞的這番話，與他先前的那些奏摺上的文字如出一轍，果然是一個名不虛傳的强硬漢子。看來要制止他不清庫款是做不到的了，祇有拿出王定安的中策來，若能接受，至少這把火不會燒到自己頭上來。

葆庚立即換了一副完全贊同完全擁護的態度，笑着說：『中丞，您的膽識和正派令我欽佩不已。

我在山西做了五年藩司，藩庫不清，我是負有責任的。五年前我從甘肅來到山西時，就看出這個問題，也想向沅甫宮保提出。但中丞知道，那時山西旱災嚴重，賑災之事尚且辦不贏，哪有空閒來忙這搭子事。後來沅甫宮保調赴前綫，靜瀾中丞來太原。我又想跟他提出此事。中丞，不是我背後說靜瀾中丞的壞話，他是個多一事不如少一事的人。相處一段時期後，我就看出他這個性格，這事也便不能提了。現在中丞有這個決心，我就有了靠山。這本是我的分內事。乾脆，您就把它交給我吧，我一定會把三十年舊賬料理得一清二楚。至於鏟罌粟發種籽那些事，不如交給方臬臺去辦。』

由藩司來清理藩庫，本是件順理成章的事，何況他又主動請纓。通常情況下，此事是可以交給此人來辦的。但張之洞這段時期來已風聞葆庚爲官不廉。閻敬銘更是明白地指出葆庚該參劾。這種主動請纓不能接受。

張之洞微微一笑，說：『葆翁願意來清查庫款，當然很好。但此事既然是藩司的事，你還是以不插手爲宜，可使辦事人顧慮少些。從山西的長治久安來說，鏟除罌粟復種莊稼，是關係到千秋萬代的大事，更顯得重要，你去督辦此事最好。』

張之洞這人，居然一點面子都不給，葆庚心裏又氣又怕，臉上澀澀的，很不是味道，好半天纔皮笑肉不笑地說：『也好，也好，還是中丞考慮得周到。』

他生怕張之洞打發他到遠離太原的邊鄙之地去受苦，忙又說：『陽曲一帶罌粟種植面廣，我先到那裏去查訪查訪，離太原近，衙門裏的事也好照應。』

張之洞並沒有想到要把葆庚支出太原，聽他這樣說，想想目前讓他離開一陣子也好，於是說：

『實地查訪，的確是應該的。不過，你也年歲不輕，就在陽曲附近看看吧，不要太辛苦了。呆個十天

半月就回來，我還有許多事要向你請教哩！』

『不敢，不敢！』葆庚趕緊起身。『請教二字不敢當。都是爲朝廷辦事，辛苦一點也是應該的。』

送走葆庚後，張之洞開始細細地思索着：清理庫款一事，究竟應該如何來辦理？

首先得成立一個辦事之處，給它取個什麼名字呢？張之洞想了想，給它取名爲清查局。清查局由誰來負責呢？讓桑治平來領頭固然好，但他畢竟不是朝廷命官，做這種出頭露臉的事不太適宜。衛榮光推薦的人才中第一個是大同府同知馬丕瑶。張之洞與馬丕瑶談過兩次話。馬丕瑶三十八歲，五官周正，舉止穩重，從言辭暢達的談話中可見其人思維清楚。張之洞對他印象不錯。馬丕瑶進士出身，在山西做過五年知縣，又做過同知，爲政經驗較爲豐富。據説大同府這幾年還算安寧，相對其他府州而言，大同府的罌粟算是最少的了。張之洞對這一點特別欣賞。清查局的督辦就由此人來做吧！

接着，張之洞又將衛榮光所薦舉的，自己也見過面談過話印象好的太原知縣薛元釗、汾陽知縣方龍光調到清查局來任協辦和會辦。

張之洞熟悉當年湘軍發達的歷史，很佩服曾國藩設局建所用書生而不用官吏的作法。世道混亂，綱紀不張，官場中人大多不正，倒是那些書院中的學子，日誦孔孟之書，夜講性理之學，未受世俗污染，還保留着幾分古道熱腸忠義血性，起用他們來辦事，較之那些在污泥濁水中浸泡已久的圓滑吏目來要放心得多。

張之洞請晉陽書院老山長石立人推薦三五個操守好精於賬目的學子。過幾天，晉陽書院來了五個英氣勃發的年輕人。張之洞跟他們分别談了幾句話後，立即任命他們爲清查局的委員。

就這樣，由一名督辦、一名協辦、一名會辦、五名委員組成的清查局，便在太原城裏掛牌辦事了。

馬丕瑶不愧爲經驗豐富的幹員。他上任的第一天，便封查了藩庫裏的所有賬本和一切單據，蓋上清查局的大印。並宣佈：没有他的同意，任何人不得借閲開啓，更不容許轉移。同時又作出一條硬性規定：所有局員一律住在局子裏，有關清查内容，無論大小，一律不得外泄，清查局也不接待任何非請之人。

張之洞對馬丕瑶這種實心辦事的態度十分讚賞，遂放下心來，將清查庫款這件事全權交給他。這時，楊鋭已應召來到太原，在衙門文案房做事。張之洞叫楊鋭就此事擬一道摺子上奏朝廷。

這期間，關於禁種罌粟的奏章已奉硃批返回。奏章尾部添上了皇皇聖諭：『民間栽種罌粟有妨嘉穀，屢經嚴諭申禁，仍着該撫隨時查察，有犯必懲，以挽頹俗。』

張之洞奉到這道硃批後如獲至寶，命工匠雕板刷印五千份，發往各府州縣廳，貼遍各地大街小巷集市碼頭，務必讓人人知曉，個個明白，凡種植罌粟的農户均應恪遵聖旨，在兩個月内剷平罌粟，種上莊稼，若有違抗，嚴懲不貸。

這時，恰好娘子關送上洋藥入關税銀四萬兩。張之洞正爲購買耕牛種籽無錢而犯愁，這筆銀子來得恰是時候。但四萬兩畢竟少了些。他將太原府知府李同新召進府來商議，請李知府從太原城的税收中暫借四萬兩銀子來，他以私人名義出具借據，保證在一年内歸還。

五十歲的李同新做了二十多年的官了，還從來没有遇到以個人名義借錢辦公事的上司。他既欽佩新巡撫赤心爲公的血性，又爲這種不脱書生氣的名士做派而好笑。官場中哪有此等辦事的方式！太原城商賈貿易並不繁榮，一年到頭，李同新還收不到四萬銀子，除去開支，年終結算後剩不了幾千兩。當然，李同新可以從别處騰挪一些來借給巡撫，但太原府自己還要不要辦點事？

李同新苦笑着對張之洞說：『買耕牛種籽的確是件積功德的大好事，張大人您親自寫借據來借，卑職我哪有不借的道理，衹是我實在拿不出這麽多呀！』

太原府裏究竟存着多少可以活動的銀子，張之洞心裏其實並沒有底，看着知府這副爲難的樣子，他也不好硬逼，衹得緩下口氣問：『你能拿出多少？』

李同新一邊搔頭，一邊說：『卑職頂多衹能拿出一萬，就這還要四處擠壓凑合。』

『一萬。』張之洞頗爲失望地站起身來，慢慢地來回踱步，自言自語，『一萬太少了，還能從哪裏再弄出點銀子嗎？』

『大人罷去卑職的官吧，卑職實在是想不出辦法了！』李同新哭喪着臉，無可奈何地說。

張之洞擺了擺手說：『誰要罷你的官啦，你回你的衙門去吧！』

李同新剛走，桑治平進來了，笑着對張之洞說：『有一萬兩銀子擺在那裏等你去拿，你爲什麽不把它拿過來用？』

張之洞一愣：『你是在開玩笑吧，一萬兩銀子擺在哪裏？』

『我說的是正經話。』桑治平走近張之洞。『你還記得泰裕票號的孔老闆嗎？去年離京前夕，他要送你一萬兩程儀，你要他先留着，到太原後再說。』

張之洞拍着腦門笑了笑：『我真的記不得了，幸虧你提醒，不過，這一萬兩是算不得數的。孔老闆原是想賄賂我本人，然後從我這裏得好處，現在要他捐出來，他會同意嗎？』

『我去找他說，試試看。』桑治平頗有信心地說，『商人重利，能以小利換大利的事他興許會幹，看他怎麽換法。還有一些大商人，銀子已够多了，他不再看重實利，而看重名和位，願意以銀子換名

第四章　晉祠知音

位。孔老闆可算是後一種人，我也可以和他商量下，拿名位來換銀子。』

張之洞嚴肅地說：『惟名與器，不可假人，拿名位與他換銀子合適嗎？』

桑治平心裏笑道：做了地方官還說這等迂腐話，真是個清流名士！口裏說：『也不是什麽都不合適，看他要換什麽名器。』

張之洞還是不放心，再次叮囑：『你去找他談談可以，千萬不要隨便鬆口答應。』

晚上，桑治平一脚踏進衙門後院，張之洞便急着問：『與孔老闆談得怎樣？』

桑治平笑着說：『談得很好，他願捐五萬。』

『五萬？』張之洞有點吃驚。『他的條件呢？』

桑治平坐下來慢慢說：『他有兩個條件，一是請你爲他題幾個字，他要做塊匾掛在大門口。』

『這個容易。』張之洞馬上接言，『我給他寫幾個字好了。』

『他要你寫這樣幾個字：天下第一誠信票號。』

『這幾個字我不能寫。』張之洞立即否定，『連泰裕票號誠信不誠信我都不知，我還能說它是天下第一誠信嗎？』

桑治平心想：書生氣又來了。臉上依然笑着說：『你不寫可以，五萬銀子他就不捐了。』

沒有這五萬銀子，就沒有五六千户人家的種籽耕牛，他們地上長的罌粟就不會被鏟除，禁煙在這些地方就成了空話。唉，銀子呀，銀子，你是多麽實實在在的東西！

銀子對於張之洞，似乎有生以來從沒有這樣重要過，他狠了狠心說：『我給他題上朱熹的「不誠無物」四個字吧，也算是對他票號的褒奬了。』

桑治平說：『我看你不如就按孔老闆說的題，僅去掉票號兩個字：天下第一誠信。這六個字意味天下第一等重要的是在誠信二字，並不是說他們泰裕票號就是天下第一的誠信，其實與「不誠無物」是一個意思，但這樣寫，我則好和孔老闆商議，相信他也會接受的。』

『行，行，你的主意好！』張之洞高興地說，『就題「天下第一誠信」六個字，兩層意思都說得過去！他的第二個要求呢？』

『他要請你爲他弄個候補道臺的官銜！』

張之洞一聽這個要求，又不高興了，臉刷地沈下來。他向來討厭捐班，認爲捐班是一樁擾亂吏治的大壞事，自己厭惡的事，自己怎麼能做！這個孔老闆也太過分了，仗着有幾個錢居然伸手要做道臺！人家千千萬萬讀書郎，二十年寒窗，三十年簿書，到死說不定還得不到正四品的頂子哩！

桑治平說：『依我看，這也算不了什麼。一來，捐班行之已久，毫不奇怪，二來他依舊做他的票號，又不等着去補缺，搶別人的位置，三來按朝廷規定，捐四萬便可得候補道，他捐五萬，已經超過，我看還是答應他算了，要不，他五萬銀子怎麼肯出手！』

唉，自己不願做的事，卻又必須去做，這真正是無可奈何！張之洞突然想到：做負有牧民守土之責的地方官，其實是有許多難處的，怪不得李鴻章老是抱怨指責他的人是『看人挑擔不費力』，看來，過去做清流時說的不少話是苛刻了些！

『好吧，答應他吧！』張之洞無奈地點了點頭。『我明天爲他題字拜摺，他明天也要給我開出五萬銀票來！』

二　聖母殿裏的靈籤

一場鏟除罌粟播種麥黍的壯舉，在古老的三晉大地上大張旗鼓熱火朝天地進行着。張之洞坐在撫臺衙門裏，天天都能看到從十八府州送上來的帖子。他從這些帖子中看到他的設想正在順利實施中，心裏很滿意。這一天，張之洞收到汾州知府王緯報送來的稟帖。稟帖上說孝義縣有一個村寨在寨主的操縱下，全寨抱成一團，死活不拔罌粟苗。縣令請求知府向駐防當地的綠營求助。知府立即請綠營都司幫忙。第二天，這位都司親自帶了一百號兵丁下到孝義。不到三天，全縣的罌粟苗拔得一根不留，全部點上麥黍種。

張之洞看到這份稟帖後非常高興。原來汾州府知府是他來山西後親自提拔的第一位官員。張之洞來山西半年間，先斬後奏做了兩樁有關官吏異動的事。

有一次，張之洞和學政王可莊聊天，說來太原這麼久了，找不到幾個談學問的人，要王可莊推薦推薦。王可莊想到祁縣縣令吳子顯，出身進士，是袁枚外甥的孫子，又是狀元宰相潘世恩的女壻。這樣的背景，一定才學滿腹，足可以和巡撫談學問。恰好吳子顯這段時期在太原辦事，便親自陪着來到巡撫衙門。

張之洞很客氣地接待吳子顯。也不知這位吳縣令是懼怕張撫臺的名大位高，還是真的腹內空空，張之洞和他說了一個下午的話，說金石他不懂，說詩詞他答不上幾句。實在無法對話了，張之洞便和他說誌怪，他也說不出個完整的故事來。張之洞終於忍耐不住了，當着王可莊的面訓斥起來：『令岳丈把十萬卷書贈送別人而不留給你，足見你不可造就。聽說你還做過鄉試同考官，你這種人怎麼可以

第四章　語音辨音

做同考官，豈不誤了人家的前程？』又轉過臉來對王可莊説：『王學臺，明年鄉闈決不能讓他混了進來！』

當着學政的面受到如此奚落，吳子顯如何不氣，他憤怒地頂道：『我堂堂進士出身的縣令，如何做不得同考官？』張之洞被他頂得光起火來，一時語塞，衹得冷笑道：『好好，就讓你做吧！』

等王可莊、吳子顯走了後，張之洞越想越恨：一個腹中草莽的小縣令居然敢跟撫臺大人吵嘴，不懲罰他一下怎麽行？他想起廣靈縣縣丞長期出缺，縣令年老久病已提出致仕的請求，於是提起筆來，親自寫了一道命令：准予廣靈縣縣令謝宗琪開缺回家養病，遷原祁縣縣令吳子顯任廣靈縣縣丞。

廣靈偏遠貧瘠，謝宗琪任上積欠藩庫四萬兩銀子。想到這點，張之洞又狠狠地在命令上添了一句：廣靈歷年所欠藩庫銀兩，着吳子顯三個月内還清。

這道命令傳出，不僅降級的吳子顯大喊冤枉，連王可莊及不少官吏們也爲吳抱不平，但誰都不敢向張之洞進言。

事隔不久，張之洞到汾陽書院視學，正遇上汾州府教授楊湄帶着幾個老學究住在書院，爲《山西通誌》作最後的修改潤色。楊湄最喜歡收集碑帖，恰與張之洞同好。午飯時，張之洞特地叫楊湄同坐一條凳子，二人邊喫飯邊談碑帖，興致都很高。楊湄説他家裏藏着唐代大書法家歐陽詢的兩本碑帖，兩本帖子内容一樣，所有的字也都相同，惟有一個字不同，一本作『公』，一本作『勾』。楊湄認爲這兩個字可能通假，但没有根據，便請教張之洞。張之洞放下筷子，想了半天，也想不出一個根據來。坐在對面的書院山長説：洪洞縣丞王緯博學，我寫封信給他，請他找出證據來。過些日子，王緯親自來衙門拜見撫臺。他告訴張之洞，《儀禮》鄭玄的箋注上有『勾亦作公』這句話，這是兩字通假的有力證據。張之洞翻開《儀禮》鄭箋上一看，果然有這句話。他拍打着王緯的肩膀，親熱地説：『兄臺大才，以兄臺之才做洪洞縣丞，真是委屈了。汾州知府出缺，你明天就到汾州去做知府吧！』

王緯喜從天降，轉眼之間便由七品的縣令升到五品的知府，莫不是撫臺在拿我開玩笑？『張大人，你真的要我去汾州做知府？』

『真的！』張之洞邊説邊寫命令，又親自蓋上山西巡撫的紫花大印。

張之洞將命令交給王緯：『你先去上任，我再奏請太后、皇上批准！』

王緯樂滋滋地雙手捧着這道命令，果真做起汾州知府來。

這便是張之洞來山西不久的兩項人事升降。在他看來，山西官場大多賢愚倒置良莠不分，身爲巡撫不但要慧眼識才，還要獎罰分明，看準的事就要立即辦理，先斬後奏，如此方能迅速扭轉風氣。但是官場對此議論紛紛，大多認爲張之洞不是在考覈府縣而是在考覈翰林。府縣要的是實際的辦事能力，怎麽能憑學問的多少來決定升降？這樣下去，山西官場都去讀書做學問好了，誰來辦錢糧，誰來辦案子？有的人甚至摇頭嘆息：太后真是糊塗，派個這樣的書呆子來山西，定會把三晉弄得亂七八糟。這些話傳到張之洞的耳裏，他却不以爲然。

現在看到王緯這道稟帖，張之洞怎能不高興：誰説我以學問識人不對？誰説王緯衹是一個學究不能獨當一面？這動用緑營力量的主意有多好！辦事的魄力有多大！宜嘉獎王緯並推廣汾州的做法。張之洞立即下了一道札子：拔除罌粟乃當務之急，決不可手軟拖延，若遇有抗拒不執行者，可倣傚汾州府，請當地緑營協助辦理。此令！

並與山西提督會銜，也向駐防三晉的各鎮各營發出内容相同的函札。

這道札子下達以後，各地綠營武官紛紛到府縣主動請纓，不少府縣也鑒於拔罌粟苗的阻力大不好辦，現在既有撫臺命令，又見綠營熱情高，便樂得個自己清閒，把這樁頭痛事交給了那些兵丁們。一時間，山西如同爆發了戰爭似的，到處都可見着戎裝持刀槍的綠營官兵們在鄉間田地奔來跑去。一兩個月下來，罌粟苗是拔除了許多，但更多的麻煩事卻接踵而至，一封封告狀帖雪片似的飛進巡撫衙門，弄得張之洞寢食不安，焦頭爛額。

這些麻煩事都是兵丁們惹起的。有句俗話叫做好鐵不打釘，好男不當兵。又説秀才遇了個兵，有理講不清。原來，這些入營喫糧的丘八，十之七八是那種無賴野蠻、好喫懶做又無一技在身的流氓地痞。打仗是件玩命的事，也是一件極易得利的事，最適宜這種人去做。有頭腦的將官都知道，戰時兵丁反而好管，因爲自有大利在驅使他賣命，不好管的是和平時期。這些人好比烈馬惡犬，祇宜套不能鬆，也就是説祇能關在營區內嚴格管制訓練，不能放到營區外，放出去就會壞事。

可惜，這種有頭腦的將官眼下山西極少，或者説他們明知不行却要迎合部屬的慾望。於是一群群烈馬惡犬從軍營中走出，打着官府的牌子，藉鏟除罌粟苗的名義，大肆踐踏良田，魚肉鄉里。他們勒索錢財，大喫大喝，稍有反對便捆綁吊打，更有私入民宅強姦婦女者。致使凡有綠營兵丁下去的鄉寨，幾乎都有命案出現，或是被吊死打死，或是不堪侮辱自殺而死。鄉民們惶惶不安，如同大禍臨頭。還有兩封匿名信狀告王緯，説孝義縣那個村寨因兵丁下鄉，被燒二十餘間房屋，死了三個人，毁壞田地百多畝，而王緯祇在家做學問並不下去瞭解實情，都司欺蒙他，他又欺蒙撫臺。

看到這些狀子，尤其在看到這兩封匿名信後，張之洞纔知派兵丁下鄉鏟除罌粟乃大爲失策，而王緯的確有負重託，是個不能辦實事的書生！

張之洞招來山西綠營提督商量，立即撤回下鄉鏟除罌粟的綠營兵丁，責令各營對於藉機犯事的兵丁予以嚴懲，並對受害者做好善後處理！

經過這樣一反一覆之後，鏟除罌粟一事幾乎停頓下來。正當張之洞進退兩難的時候，幸而朝廷又頒下一道諭旨，肯定山西禁煙的舉措，決不可中途而廢，務必徹底拔除毒卉，種上莊稼。上諭好比一道救命符，讓精神萎靡的山西巡撫重新振作起來。他藉着這道上諭嚴厲打擊反對者，再次掀起轟轟烈烈的拔毒卉種莊稼的熱潮，同時，又在山西官場軍營中雷厲風行地展開一場禁食鴉片的大動作。

太原城裏辦起了禁煙局，大批製造戒煙藥丸，免費散發到各級官府各地軍營，幫助已成癮的吸食者戒煙。張之洞嚴行命令：若有違抗膽敢再吸者，不管是文武官員還是普通兵丁，一律嚴懲不貸。太原城裏，官場中多年來所形成的陰慘敗落有如鬼國的氣象，正在逐步改變中。

在大舉禁煙的同時，清理藩庫賬目也在緊張地進行，祇不過沒有禁煙的那種雷霆氣勢，它在悄沒聲息地然而又是有條不紊地進展着。局外人似乎沒有任何感覺，但葆庚、王定安等人一天到晚却如處熱鍋之上，忐忑不安，焦急萬分。一個對付之策也在暗中實施着。

太原的春天儘管來得遲些，但北國朔風畢竟擋不住春姑娘的步履，暮春三月時分，它也是春城無處不飛花了。

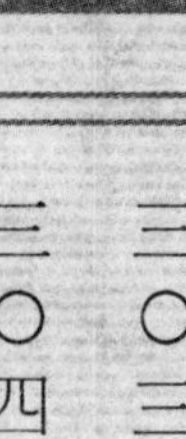

一天下午，葆庚對張之洞説：『明天是休沐日，天氣這樣好，我想請大人一道到城外一處好地方去玩玩如何？』

幾個月來，張之洞一直對葆庚存着三分戒備之心。關於葆庚的閒話，他時常聽到官場民間有人在説。但葆庚對張之洞特别熱乎殷勤，又使張之洞不得不對他客氣禮貌。馬丕瑶已兩次向撫臺禀告，説

最近這幾年的賑災賬目裏有明顯大漏洞，葆庚肯定從中做了不少手脚，但苦於没有過硬的證據。這段時期，葆庚又的的確確對鏟罌粟禁鴉片十分賣力，成效也顯著。張之洞一時還認不準身邊的這個滿洲大員究竟是個什麽人物。在事情揭曉之前，作爲山西的第二號大吏，張之洞没有理由也不應該疏遠他。何况，春光明媚，熏風宜人，休沐之日到城外去踏踏青，實在是很有情趣。他於是帶着興致問：『到一個什麽好地方去玩呀？』

『晉祠。』葆庚笑眯眯地回答。

『晉祠！』張之洞不自覺地提高了嗓音應道，『那真是一處名勝，衹是年代久遠，還有得看頭嗎？』

『好看的地方多着哩！』葆庚見張之洞興致這樣高，心裏甚是得意。『晉祠太有名了，往來太原府的官紳士商，大都要到晉祠去看看，故下官來山西不久，便撥了一筆專款予以修繕，又安排幾個人在那裏長年看守。大人來太原快半年了，天天没日没夜地忙於公務，下官多次想請大人到晉祠去看看，也不便開口。現在罌粟都拔光了，莊稼也下種了，大人也該歇兩天了。明天，下官和鼎丞一道陪您到晉祠去走走瞧瞧！』

『好吧，明天就一心一意地休息一天！』張之洞似乎下了很大決心似的。

『大人，』葆庚説，『晉祠離城遠，一天回不來，我們明天晚上得在那裏住一夜，後天回城。』

『要去兩天？』張之洞遲疑起來。

『您到山西來還没有歇過一天，這次就玩兩天也是應該的。』葆庚笑着説，『何况沿途還可以看看莊稼長得怎樣，這不也是在查訪民情嗎？大人博古通今，還可以爲晉祠修復多加指點，這不也在辦公事嗎？説是休沐，其實不是休沐。』

是呀，身爲山西之主，自己所做的哪件事情不是與山西政務有關呢？葆庚説的並不錯嘛！張之洞斷然作出決定：『好，兩天就兩天吧！』

第二天一清早，葆庚、王定安陪着張之洞出發了。按照張之洞説的，大家都穿便服，騎馬而不坐轎。張之洞僅帶上大根一人，葆庚、王定安也衹是各帶一個僕人，跟在馬後。三個人都是文人，平素都很少騎馬。王定安特爲找來三匹健壯又馴服的良馬，又配上厚厚鬆軟的鞍子，雖説一路上有些顛簸，但也還不覺得太累。

路邊的樹枝已綻開嫩緑的新芽，兩旁一塊塊平整的土地上，長着大片大片青翠的麥苗，農夫們在忙忙碌碌地鋤草施肥，時見牛羊在遠處出没。張之洞看着這一切，心裏舒暢。尤其是二三十里路過去了，還没有見到一塊罌粟地，更令他欣慰。他確信，山西省的罌粟，因他的政令强硬措施得力，已經全部被鏟除了。他爲自己半年時光便有如此政績而得意。

他知道身旁的冀寧道是個有名的才子，便側過臉去説：『王觀察，我剛纔想起唐賢的一首詩，頗爲類似我現在的感覺。』

『請問大人想起的是哪首詩？』見張之洞跟他談詩，王定安的精神立即大爲振奮起來。

『賈島的《旅次朔方》。』張之洞拖長着聲調，在馬背上唸了起來，『客舍并州已十霜，歸心日夜憶咸陽。無端更渡桑乾水，却望并州是故鄉。』

『并州是太原的古稱。』王定安右手拉着繮繩，左手摸着尖下巴上的幾根稀疏的鬍鬚，一副行家的神態。『這是一首咏太原的膾炙人口的好詩。』

『可是，前代許多人都把這首詩的意思給弄錯了。』張之洞這句話引起葆庚和王定安的注意，遂傾耳聽他的下文。『他們都説，賈島客居并州時日夜思念咸陽，當渡過桑乾河西去朔方時，回頭所望，眼中衹有并州城，而心中所思念的咸陽則更遥遠了。賈島作這首詩時，心中滿是羈旅歲月的淒凉。其實，這完全弄錯了。賈島客居并州，思念咸陽，不錯。但是，他没有想到，自己在并州住久了，不知不覺間已經把并州當作故鄉了。這種感覺平時不明顯，一旦渡過桑乾河，回望并州時，便清晰地顯現出來。賈島在這首詩裏體現的是對并州的留戀。我此刻正有賈島的這種心情。來太原不到半年，今天初出城外，回頭一望，也有太原即故鄉的感覺。』

『大人説得對極了！』王定安立即接言，『職道完全贊同您的高論。這首詩正是説的詩人對并州的留戀，而不是羈旅的悲凉。前代不少好詩，都給不懂詩的後人曲解了。這首《旅次朔方》便是一例。』

葆庚也恭維：『下官不懂詩，但爲大人這一片以太原爲故鄉的心意所感動。山西有大人這樣的撫臺，這是一千萬父老的福氣。』

『葆翁言重了！』張之洞口裏謙遜着，心裏倒是挺喜歡這句話的。

王定安説：『職道想斗膽説句話，不知當與不當？』

葆庚生怕王定安説出一句不知高低的話來，掃了張之洞的興頭，破壞這難得的融和氣氛，忙説：『鼎丞，今天是陪大人出來踏青賞心的，有什麽話，回城再説吧！』

張之洞向來不慣含容，王定安不説『斗膽』『當與不當』尚好，一説起這些話來，倒撩撥得他非聽不可了，便催道：『王觀察，有什麽話你衹管説，今天我們是郊遊，就没有上下尊卑之分了。現在談詩，我們就是詩友。過會兒喝酒，我們就是酒朋了。』

『大人雅量！』王定安開始抖起他的書袋來，『歷來都説這首《旅次朔方》是賈島所作，衹有令狐楚所選的《御覽集》把這首詩列在劉皂的名下。』

『劉皂？』張之洞反問。

『是的，劉皂。』王定安肯定地説，『劉皂是德宗時人，名氣遠不如賈島，詩傳下來的也少，《全唐詩》衹録了他五首。』

見張之洞在會神地聽，王定安繼續説下去。

『我相信令狐楚，因爲他是賈島的前輩，又與賈島有交往，對賈島的詩才也欣賞，他决不會把賈島的詩列在劉皂的名下去送給唐德宗看。何况賈島是范陽人，在并州住的時間很短暫，也没到過朔方，他也不可能寫出這樣的詩來。』

『有道理，有道理！』張之洞連連點頭，大聲誇獎，『王觀察，人人都説你是大才子，果然名不虛傳！』

張之洞的態度，使王定安既感激又感動，他以少有的真誠語氣説：『大人的度量真常人所不及。』

張之洞説：『學問的事，一是一，二是二，誰有道理就服誰。』

王定安的唐詩功力的確讓張之洞佩服，一時間也獲得了張之洞的歡心，談興更濃了。於是兩人談起賈島，談論他的『推敲』掌故。由賈島又談起孟郊，比較郊寒與島瘦的獨特詩風。又由賈孟談到他們的賞識者韓愈。

王定安説：『賈島、孟郊當年若没有韓愈的賞識和揄揚，就不可能有日後的成就和詩名。歷來貧賤士人都要靠處高位有力量者提携，纔能出頭露臉。大人位列封疆，名播天下，三晉有多少清秀子弟

『我愧退之無氣力，不教東野共飛騰。』王定安將張之洞詩的最後兩句復誦了一遍，充滿着感情地說，『大人這番情誼，不獨崔次龍感動，職道也爲之感動了。』

葆庚說：『大人現在有這個氣力了，把那個崔次龍召到山西來吧！』

張之洞沈痛地說：『崔次龍回到老家後，不到半年便亡故了。』

『可惜了！』跟在馬後的藩臺府中的僕人，不經意地發出了嘆息。

大家都不再說話了，默默地向西南方向繼續走着。在路邊的一家酒店喫過午飯後，又接着趕路。

『大人，晉祠到了。』葆庚勒住繮繩，指了指前方。

張之洞擡頭看時，前面果然現出了一個有着百餘間房屋的建築群落。三人下了馬，葆庚、王定安一左一右護着張之洞向前面走去。大根和另外兩個僕人各自牽馬跟隨。

張之洞說：『過去讀《水經注》，知道晉水發源處有唐叔虞祠，是北魏爲紀念周武王之子叔虞而建。以後歷朝歷代圍繞着唐叔虞祠都興建了不少殿堂，從而形成現在的晉祠局面。葆翁你給我說說，這晉祠有哪些主要的殿堂樓閣？』

葆庚說：『這個我說不來，鼎丞於此素有研究，讓他說給大人聽吧！』

『我也說不全，先說幾處，過會兒我們慢慢看。』王定安摸了摸尖下巴，說，『武王原本封叔虞於唐，故而酈道元稱之爲唐叔虞祠。後來叔虞之子因晉水流唐國而改國名爲晉，唐叔虞祠也便稱作晉祠。晉祠之名便這樣傳下來了。兩千多年來，晉祠不斷擴大，後世興建的主要建築有：唐碑、鐘樓、鼓樓、獻殿、魚沼飛樑、聖母殿、苗裔堂、晉谿書院等等。』

『這麼多的殿廟樓堂，我們如何看法？』張之洞笑了笑說。

都在仰望大人的雨露之澤啊！』

王定安的這段即興恭維，説到張之洞的心坎上。早年，作爲一個清貧書生，張之洞曾無數次地夢想能碰到有力的知遇者，讓自己的才名傳揚公卿，上達九重。中年以後，作爲一個詞臣學政，張之洞又曾無數次地企盼自己能握有實權，獎掖提拔那些沈淪下層的真才實學之輩，讓千里馬脱穎而出。可惜，四十多年過去了，做士子的時候，他沒有遇到韓文公，做官的時候，又沒有韓荆州的權位。一樁長久不能釋懷的往事又浮上心頭。在暖風拂面的并州郊外古道上，在暢談唐詩的融洽氣氛裏，張之洞不覺把王定安當作朋友，誠摯地跟他敘起這樁往事來。

『直隸河間有個能詩善畫的人，名叫崔次龍。他在京師寓居十多年，總想遇到一個能賞識他的人，幫他一把，讓他出人頭地，不至於辜負了幾十年的勤學苦練。但冠蓋滿京華，就沒有一個看上崔次龍的人。一個偶然的機會，我認識了他，兩人長談了半天。他拿出他的詩文畫册給我看，的確造詣很高。我們成了朋友。以後，他常常到我家來，我也知道他希望我幫襯幫襯一下。但那時我祇是一個窮翰林，無權無勢無衙門，不能安置他。別人的衙門，我又無力關説，祇好常常周濟他一點銀兩。崔次龍終於在京師住不下去，卷起鋪蓋回老家了。臨走前夕，到我家來辭行。我很惋惜，對他説，再等等看，或許能有機會。他説，我等了十多年也沒有遇到機會，我失望了，今生祇能老死山野了。我不能馬上給他一個機會，當然也不便再挽留，便寫了一首詩送給他，以誌我們的友誼。』

『可憐！』崔次龍的遭遇牽動了王定安的文人真情。『大人的詩，可否念給職道聽聽。』

『可以。』張之洞拖長着聲調吟了起來，『浩然去國裹雙縢，惜別城南剪夜燈。短劍長辭碣石館，疲驢獨拜獻王陵。半梳白髮隨年短，盈尺新設計日增。我愧退之無氣力，不教東野共飛騰。』

王定安答：『大多數殿樓，衹要望一望就行了，非看不可的是晉祠三絶。』

『三絶！』張之洞問，『哪三絶？』

王定安掰着指頭說：『一絶是晉水之源難老泉、善利泉、魚沼泉。』

『泉水到處都有，晉祠的泉水絶在何處？』張之洞打斷王定安的話。

『晉祠之泉絶在水温上。』王定安答，『這三道泉水都是温泉，一年到頭水都是暖暖的，像是柴火燒熱了一樣。一年四季水溝裏都有青翠碧緑的大葉草，即便寒冬臘月，所有的樹葉都凋零了，這水溝裏的大葉草依舊緑得可愛。温水碧葉，這是晉祠的第一絶。』

『如此說來，真是一絶了。』張之洞面露喜色道，『過會兒我倒要親手試試，親眼看看。』

葆庚指了指前方說：『前面就是温泉了。』

『好，我們去看看。』

張之洞說着，不由地加快了腳步。走過幾十丈後，迎面是一座並不很大的古老殿堂。王定安告訴張之洞，這就是獻殿。這是擺設祭祀供品的場所，建於金代。穿過獻殿，迎面而來是一條兩丈餘寬的溝渠。王定安興奮地說：『大人，這就是晉水源頭三泉之一的魚沼泉了。』

葆庚也快樂地說：『這是晉祠三絶的第一絶。』

張之洞見這溝渠裏的流水果然晶瑩透明，一塵不染。定睛看時，渠底的確長着不少闊葉草。這些草葉緑得油亮油亮的，如同一片片薄薄的翡翠沉浸在水中，可愛極了。他記起李白咏晉祠的詩句來：『晉祠流水如碧玉，微波龍鱗沙草緑。』一點不假，寫的是實景。他把手伸進水中，果然暖暖的，高興地說：『不錯，的確是温泉。』

『大人，我們過橋到對岸去看看聖母殿。』葆庚滿面笑容地建議。看着撫臺剛纔以手試水的孩子式的舉動，他對今日的這個安排甚是滿意。

葆庚、王定安等人簇擁着張之洞向横在魚沼泉上的石橋走去。

『大人，您細細地看看，這橋與通常的橋有不同之處没有。』

剛踏上橋面，王定安便饒有興致地提醒張之洞。

張之洞將腳底下的橋仔仔細細地看過一遍後，發現真有好些與衆不同的地方。

這座建於北宋年代的石橋，由三十四根石柱支撑，石柱則是竪在蓮花形的石礎之上。石柱之間用石枋相連，石柱之上安置斗拱，斗拱上鋪着橋面。橋的東西連接着獻殿和聖母殿，南北兩翼下斜至渠岸。從上面俯瞰，此橋則呈一個十字形。這在中國數不清的大小橋樑中極爲罕見。

張之洞拍打着光潔潤滑的白玉欄杆，撫摸着橋頭神態勇猛造型逼真的一對鐵獅，感慨地說：『這等巧思豪舉，千餘年來竟然無人敢倣造，更無人能超過，真正地不容易。』

説話間，三人踏過飛樑，來到晉祠的中心建築聖母殿。

北宋天聖年間，仁宗皇帝追封唐叔虞爲汾東王，又爲其母邑姜修建一座規模宏大的宫殿，取名聖母殿。此殿前臨魚沼，後傍險峰，氣象壯觀。宋徽宗崇寧年間首度整修，從那以後元明兩代雖多次修葺，但仍保留宋代的形制和結構。此殿面闊七間，進深六間，重檐歇山頂，緑色琉璃瓦剪邊，正脊垂脊上奔走着多種走獸。

來到殿前，面對的是八根雕着飛龍的大木柱。張之洞正凝神欣賞那些矯健伸騰的飛龍雄姿，王定安却指着大殿左側一株古樹，對張之洞說：『大人您看，那就是晉祠三絶中的第二絶周柏，傳説是周

宣王時代留下的，距今有二千六百多年的歷史了。』

張之洞懷着極大的興趣向這棵柏樹走去。這棵柏樹幾乎與屋檐相齊，頂部依然枝柯交錯，鱗葉低垂，充滿生機。主幹有一人合抱之粗，樹皮乾裂，褐中泛青，猶如一根鐵柱似的挺拔筆立。根部雖空了一個碗口大的洞，然樹根仍深深地扎進堅硬的黑土中。這確爲一株年代久遠的古柏！它親身經歷過多少朝代的隆替、世事的盛衰，與它曾經共處一個天地之間的英雄豪傑，叱咤過，風流過，然後又一個個地被黃土湮没，化爲腐朽；而它，依舊傲立宇宙，將春夏秋冬送去又迎來，在陽光雨露、風霜冰雪之中延續着生生不息的潛力。這是一個多麼頑强的生命啊！人的一生在它的面前，該是何等的短暫而微不足道！一向膽氣雄豪自命不凡的山西巡撫，佇立於這棵千年古柏前，不覺肅然自卑起來。

王定安説：『據本地人講，這棵周柏至今尚年年生芽，歲歲結籽。』

張之洞仰起頭來，望着古柏那昂首天外的蒼邁雄姿，心中生發出無限的敬意來。

葆庚問王定安：『我記得你説過還有一棵古樹，怎麽没見到？』

王定安答：『那是隋開皇年間的一棵槐樹，也有一千多年的歲月了，與周柏合爲晉祠一絶，它在關帝廟，過會兒我們再去看。現在我們進聖母殿，這裏有三絶中的第三絶宋代塑像。』

説罷，領着張之洞和葆庚走進聖母殿。

殿内正中有一個特大的木製神龕，神龕裏供奉的就是這座殿堂的主神聖母邑姜。邑姜端坐在一把大椅上，鳳冠蟒袍，神態端莊。兩隻長長的丹鳳眼裏含着微微笑意，迎接絡繹不絶的朝拜者。在聖母的左右兩旁，還站着一群宦官、女官和侍女。一個個姿態多異神采煥發，且都色彩鮮艷，宛如一群盛裝侍從，正陪着聖母娘娘閒話家常。

王定安像個導遊似的介紹：『連同聖母在内，這裏共有四十三座塑像，全是宋代天聖年間建殿時塑造的。當年專門從東京調集一批手藝高超的技師來太原，領班的匠人就是重修大相國寺的魯連，據説是魯班的五十一代孫。這些塑像當時都以各種油彩涂飾，以後每隔三四十年重上一次油漆。我們現在看的這道油漆，恐怕還祇上過三五年。』

張之洞慢慢地在一尊尊宋代彩塑前踱步。他對古代的雕刻藝術有極大的興趣，也有很高的鑒賞力。憑着深厚的素養，他看出眼前的這批塑像群的確不是凡物，實爲宋代塑像的精品。

細細地欣賞很久後，他在主神身邊一左一右的兩尊小像面前停下步來。這兩尊小像塑的是一男一女兩個小孩，人們習慣叫他們爲金童玉女。張之洞發覺這兩個小人的塑像與其他的有些不同，體形的比例似有點不太協調，略有臃腫之感。眼中神采也不够，稍顯呆滯。

他對身旁的冀寧道説：『這兩尊小像恐不是宋代之物，説不定是後代補的。』

王定安正審視着，不料神龕後面傳出一串爽朗的笑聲。笑聲中走出一個頗有點仙風道骨之味的老者來，對着張之洞説：『這位客官好眼力。金童玉女的確不是宋代之物，是元代大德年間補塑的。它是依照蒙古人的長相塑的，故與宋塑不一樣。老朽在聖母殿四十餘年了，還從没見到一個未經指點自己識别出來的遊客。這位客官，你真正的好眼力！』

説恭維話的老者是如此的一表非俗，立刻贏得張之洞的好感。他笑着説：『老人家過獎了。您説您在聖母殿四十年了，在這裏做什麽？』

老者答：『老朽是平陽府人，從小就癡愛古代器物，家貧無力購買古董，便隻身來到晉祠，寧願替聖母殿的香火道人掃地挑水幹粗活，祇求讓我住在晉祠，與這些古代器物長年做伴，我就心滿意足

了。聖母殿的香火道人見我心誠，便留下了我。我天天幫他幹活，他也賞我三餐素飯。後來香火道人過世，我便代替他管理聖母殿，一晃幾十年就過去了。』

張之洞自己有戀古之癖好，但要他爲了古董而捨棄功名家小，他却做不到。對眼前的這位又一個吳秋衣，他不由得肅然起敬。

遊了個把時辰，葆庚已又累又渴，他對老者說：『你給我們燒點茶水吧，再拿兩條凳子來給我們坐坐！』

『行，行！』老者熱情地說，『若不嫌棄，請到後殿我的陋室裏去坐，我有燒開的茶水就熱在火上。』

『好哇！』葆庚忙說，『那你就領路吧！』

三個人隨着老者來到後殿的一間小房子裏。小房間陳設簡單，收拾得倒還乾淨。剛落座，老者便端來三碗熱茶。乾渴了半天，驟然喝上温泉水燒出的香茶，仿佛飲瓊漿玉液一般，疲勞頓時減去多半。

王定安對老者說：『久聞晉祠聖母殿裏的籤文很靈。老頭子，是不是你在做這事？』

老頭子笑了，說：『外面的人都這麽說，其實玩玩而已，當不得真的。老朽已多年不摇籤了。』

葆庚忙說：『把籤筒拿出來，讓我們摇摇吧，玩玩也好！』

老頭子笑而不動。

王定安說：『老頭子，我們也不白摇，給你錢。』

說罷，從袖袋裏摸出三錢銀子來遞了過去。老頭子喜笑顔開，伸出手來接着。

王定安又說：『你這個死老頭子，摇幾個籤就要收三錢銀子，也太貪心了。這樣吧，銀子還是給你，你得給我們辦一桌晚飯。』

老頭子樂呵呵地說：『好，好，我會給你們辦一桌最好的晚宴。』

老頭子轉過臉去對着窗户喊道：『小栓子，你去大門口李矮子家說一聲，過一會給我們送一桌好飯好菜來，錢不會少他一文！』

『知道了！』外面傳來一個略帶稚氣的聲音。

『我去拿籤筒和籤簿。』

老頭子起身走到床後，從一隻舊木箱裏拿出一個黑黄色的半尺來高的竹筒，竹筒裏插着幾十支細長竹籤；接着又拿出一本有些破損的簿册來。老頭子雙手捧着竹筒和簿册來到三個客人的面前，笑笑說：『請摇籤吧，衹是莫太當真了。摇了好籤，大家一同快樂快樂；若籤不好，千萬莫在意。』

王定安接過竹筒，討好地對張之洞說：『您請先摇。』

張之洞說：『我要看這籤靈不靈，你和葆翁先摇，靈的話我再摇。』

『也好，我就先摇吧！』

王定安半眯着眼，將手中的竹筒上下晃動起來，嘴巴也跟着在動，好像在唸什麽禱文似的。一會兒，從竹筒裏蹦出一支細竹籤來，老頭子彎腰拾起，遞給王定安。衆人看那籤上寫着『第八十九號』幾個字。

老頭子打開簿册，在第八十九號下出現兩句詩：『山川雲霧裏，遊子幾時回？』

張之洞說：『這不是王勃的詩嗎？』

王定安看了這兩句詩後，大爲激動起來：『死老頭子，你這兩句籤文真是靈極了。』

說完，又轉臉對葆庚說：『葆翁你說說看，這聖母殿的籤怎麽就這樣靈驗？』

葆庚笑着對張之洞說：『他昨天剛收到湖北來的家信，他哥哥勸他不要久在外做事，早點回家爲好。』

張之洞的興致也被吊了起來，說：『看來這籤是靈的了！』

老頭子咧開嘴大笑。

王定安說：『我也是累了，早有退隱林泉之志。等忙過這陣子後，我就回家，一輩子再不出來了。』

『我也來試試！』

葆庚從王定安手裏拿過竹筒，搖了幾搖，也搖出根竹籤來，看那上面寫着『第十五號』。衆人看籤簿上『第十五號』下也寫着兩句詩：『洛陽親友如相問，一片冰心在玉壺。』

『唉，聖母娘娘，你真是知我心的大慈大悲活菩薩！』葆庚把竹筒放到桌子上，無限感慨地說，『我雖然不大讀詩，但王昌齡的這首詩我還是讀過的，這兩句詩真是說到我的心坎裏了。我葆某拚死拚活爲山西做事，偏就有人爛嘴爛舌說我的壞話。今天你們二位都在這裏，日後要替我作證，我的清白，聖母娘娘都看到了。』

王定安忙說：『葆翁，神明在上，您是清白無辜的，放寬心好了！』

張之洞心裏想：這籤真有意思，是值得信還是不值得信呢？若說不信，王定安的已作了應驗；若說信，難道葆庚就真的清白無辜？

正在這樣想時，老頭子已把竹筒遞了過來：『您這位老爺也搖一支，湊湊興吧！』

張之洞想：搖搖也好，看看我會搖出個什麽籤文出來。

張之洞學他們的樣也搖出一支來，那上面寫着『第一百二十七號』。老頭子翻開簿册，『第一百二十七號』下寫了這樣幾句詞：『雲中誰寄錦書來，雁字回時，月滿西樓。』

張之洞笑着說：『李清照的這幾句詞對我來說就不靈驗了。我連眷屬都没有，哪來的雲中錦書！』

老頭子笑眯眯地說：『客官有所不知，這籤文有多層含意。對有眷屬的人來說，指的自然是情書；對未成家或没有眷屬的人來說，這指的便是近期内當有大喜訊來。』

葆庚趕緊接話：『這籤文是靈的。早兩天，我有一個朋友正託我爲他的女兒找婆家。這女孩仗着人長得漂亮，心高得不得了，媒人踏破門檻，她一個也不同意。現在二十二三歲了，還没個人家，父母急得不行，要我幫他留意。』

『你說的是誰家？』還没等張之洞說話，王定安便關心地問。

『是祁老二的四閨女。』葆庚答。

『噢，祁家的女兒？』王定安的兩隻小眼睛裏頓時明亮起來，他對着張之洞說，『您可能没聽說過，太原城裏有句話，叫做祁家四朵花，壓倒百萬家。已出嫁的三個女兒我都見過，果真是一個個貌若天仙，據說四閨女又比三個姐姐更漂亮。這可是天大的喜訊，籤上的這幾句詞好比聖母娘娘在做媒，切莫錯過了這個機會。』

或許是『壓倒百萬家』這句話撩起了興致，也或許是聖母殿籤文帶來了情趣，喪妻半年的張之洞突然想到，是應該找一個女人了。他快樂地答道：『行啊，我倒要看看祁家的四閨女到底怎麽個美

第四章　管同尺牘

法！』

『好，好！』葆庚擊掌歡笑。『這事包到我身上，明天回城後我就來安排。』

正說着，李矮子家送來一桌豐盛的酒飯。老頭子點燃蠟燭，大家圍坐一桌，在聖母娘娘的身旁，興致勃勃地喝酒喫飯。

三　夜闌更深，遠處飄來了琴聲

喫完飯後，老者將他們帶到另一幢宅院。這宅院位於松水亭邊，善利泉在此處繞了一個半圓形，將院子三面環繞。另一面是一道屏障似的石壁。院牆裏花木茂盛，還有一個小小的魚池。魚池裏流動着活水，這活水引的是墻外的善利泉水。院子裏錯落着大大小小十餘間房子，都佈置得精美舒適。張之洞被安置在其中最大最好的房間裏。他很奇怪：這麼偏僻的晉祠，爲何有這等好的宅院，這是什麼人的家產？

葆庚笑着告訴他：『張大人，您來山西還不久，下官還沒來得及告訴您。您在山西做巡撫期間，這幢宅院的主人就是您，今夜我們都沾您的光。』

『這話怎麼講？』張之洞頗爲驚訝。

『是這樣的。』葆庚解釋，『當年鮑源深做山西巡撫時，因爲有頭痛病，聽不得城裏的喧鬧聲，於是藩司就從藩庫裏拿出一筆銀子，給他在晉祠裏修了這幢宅院，讓他住在這裏辦事。那時，從太原城到晉祠之間，每天車馬奔馳，都是因爲鮑源深在晉祠的緣故。不久，鮑源深調走了，曾九帥來到山西。九帥長年在戰場，風痹嚴重，常常需要卧床休息，於是這幢宅院便成了九帥的休憩之所。他做晉

撫的那幾年夏天，便都在這裏度過。九帥喜歡泉水、花木，現在院子裏的魚池、樹木，都是在他手裏種植的。九帥打下江寧後開缺回籍，曾侯送他一副對聯……』

『這副對聯我知道。』張之洞插話，『千秋邈矣獨留我，百戰歸來再讀書。』

『正是，正是。』葆庚擊掌讚道，『大人真是博聞强志。九帥很喜歡這副聯，因而將這院子命名再讀齋。』

『再讀齋！』張之洞說，『這個名字取得好，想不到曾沅甫還有這份風雅氣。』

『九帥書讀得好，他是拔貢出身。』葆庚對曾國荃很有感情，『九帥離開山西後，衛静瀾來代替。他在山西呆的不久，在再讀齋裏祇小住過幾天，也認爲此地是個讀書休憩的好處所。這半年裏，再讀齋一直空着。因爲要請大人來晉祠踏青，纔臨時打掃了一下。下官擬在此多安排幾個人，把它再修繕修繕。太原城裏夏天不好過，大人可到這裏來避暑，平時也可常來休息休息。』

真個是初任地方要員，張之洞壓根兒没有想到，一個巡撫居然還有這種特權，這與山西百姓普遍的飢寒貧困，與許多人的流離失所相比較，是一個多麼大的差距！過去在湖北、四川做學政時没有留意過，說不定那些巡撫們也都有幾處別墅在郊外的名山勝水處。怪不得百姓與官府之間有一種本能的對抗情緒。面對着千百萬啼飢號寒的父老鄉親，作爲一省之主，竟然能安得下心來享受這等美宅華居，百姓怎能不討厭唾罵乃至仇恨呢？

若是在平時，張之洞會立即拂袖而去，也不會顧及到別人的難堪與尷尬，但今天他的心情格外好，何況這個宅院並不是爲他而修建的。他對葆庚祇淡淡地說了句『不必再修繕』後，便將葆庚等人打發走了。

第四章　會同默音

夜裏，張之洞躺在舒適的床上，想起白天所看到的名殿古樹，精神仍在興奮狀態中。他毫無睡意，遂披衣而起，佇立木格紗窗下，欣賞晉祠的夜景。

大根早已沈睡，四周安靜極了，祇有善利泉流淌時發出的汩汩響聲，這響聲益發襯託出晉祠的靜謐。皓月的清輝透過樹葉花瓣，在地面上織就一幅黑白相間斑斑駁駁的圖畫。遠處，黝黑的群山，像剪紙似的貼在碧淨如洗的夜空底部，給古老的三晉大地增添幾分神秘誘人的氣氛。

似有花香傳來，淡淡的，幽幽的，着力去嗅着，好像又什麽味道都没有。纔一眨眼間工夫，仿佛另一股香氣又從遠處飄來。張之洞想起韓愈的名句：『天街小雨潤如酥，草色遥看近却無。』這暮春之夜的遠方香氣，似乎也跟早春的草色一樣，在有與無之間：不經意，則香氣襲人；若着意尋找，它又無影無蹤。

張之洞做了半年的山西巡撫，説實在話，山西並没有給他一個好印象。今夜，他好像發現了山西的另一面：秀美、温馨、神奇、迷人。

山西，你原來也這樣的可愛！

忽然，從寧靜的夜色中傳來了琴聲。這琴聲飄柔輕曼，時斷時續，它立即把張之洞的心給吸引住了。他全神貫注地聽着。

這古琴彈撥得真好：它像是門前善利泉的流水，輕輕的，淙淙的；它也像興義府外繞山的霧嵐，綿綿的，悠悠的；它又像薄暮時光川西壩子農舍上升起的炊煙，婷婷的，裊裊的；它還像初夏季節京郊田疇上吹過的和風，暖暖的，熏熏的。這琴聲，使張之洞想起了結髮之妻石氏。

石氏當年彈出的琴聲就是這樣的輕曼悦耳，温柔潤心。她有時也會伴着琴聲獨自低吟。那歌聲婉

轉甜嫩，繞室盤旋。石氏的琴聲和歌聲，給孩子們帶來歡樂，給清貧的日子帶來充實，給小家庭帶來温情，更給青年張之洞帶來説不盡的幸福感。

石氏的琴聲，是張之洞永恒的懷念！

『十年生死兩茫茫，不思量，自難忘。千里孤墳，無處話凄凉……料得年年斷腸處，明月夜，短松崗。』蘇東坡的悼亡詞，今夜又在他的腦中浮起。這遠處傳來的古琴之聲，莫不就是石氏所彈奏？是她在思念往日甜蜜的歲月，在眷戀人世間的丈夫兒女？

難道是幻覺？萬籟俱寂的荒郊野外，哪來的琴聲？張之洞屏息一切思念，側耳傾聽。不，這不是幻覺，千真萬確是有人在彈琴，祇是琴聲已變了。

此時傳來的琴聲與剛纔的不同，它迂緩遊移，凄清幽冷，如怨如慕，如泣如訴，餘音裊裊，不絶如縷。

張之洞猛然想起來，這不是石氏在彈琴，這是母親在彈琴。

四十多年來，在張之洞的記憶中，確切地説，是在他的想像中，母親的琴聲多半都是這樣的：它充滿着哀怨，充滿着遺恨，它似有無窮無盡的話要述説，似有無窮無盡的愛要施予。張之洞腦海中母親的形象既聖潔高貴，又愁腸百結。這些，都化爲不絶如縷的琴聲，長久地迴旋在他的胸臆間。現在，這遠遠傳來的斷斷續續的琴聲，勾起了他對母親的深深思念。

再讀齋紗窗前的張之洞，久久地沈溺於對往事的尋索追憶之中。這琴彈得如此動人心扉，扣人心弦，彈琴者必定心靈手巧精於音律。此人是聰慧的雅士，還是纖麗的嬋娟？明天得問問。

第二天一早，張之洞向聖母殿的看守老頭説起昨夜有人彈琴的事。老者説：『這是李老頭的女兒

彈的。晉祠裏有一個舊書院，名叫晉谿書院，是乾隆年間辦的，到同治初年停辦了，以後做了當地百姓子弟的蒙館。兩年前，李老頭被聘爲蒙館的塾師。李老頭一家三口：老伴和一個守寡在娘家的女兒。』

老者望着張之洞，以一種很憐恤的口吻說：『有一天，李老頭到聖母殿來和我聊天，說起他女兒的事。她的女兒名叫珮玉，十八歲出嫁，夫家是個殷實的家庭。嫁後第二年便生了一子。日子本過得甜美。不料，夫壻陡染急病，一下子便死去了。二十一歲的珮玉頓時成了寡婦，她心中已是悲痛萬分了，又加之各種風言風語更令她難過，不少人指着她的背影，說她剋夫，是掃把星。好在還有個兒子，珮玉含着眼淚忍着痛苦，把一切希望都寄託在兒子身上。誰知，兒子三歲時出天花死了。這一下，珮玉的全部指望都落了空，夫家也不把她當人看。萬般無奈，珮玉祇得回到父母身旁。她從小好彈琴，這兩年來因爲心中鬱結過多，便常常藉琴來作解脫。客官，珮玉昨夜的琴聲打擾了您吧！』

『不，她的琴彈得太好了，我想去見見她。』

葆庚忙說：『一個住娘家的寡婦，怎好叫您親自去看，把她叫過來好了。』

張之洞將葆庚拉到一旁，輕聲說：『昨天我就說了，我們到晉祠來就成了踏青的遊客，不再是撫臺、藩臺，去看看有什麼不可以？何況這個女子琴彈得這樣好，也可算個才女，我即使以撫臺的身份去看她，也是應該的，並不辱沒二品大員的職銜。』

葆庚笑着改口道：『大人說得對，我們都去看看她。』

老者說：『既然各位客官硬要去，那我先走一步，叫李老頭收拾一下。』

過一會兒，張之洞在葆庚、王定安的陪同下來到晉谿書院。這座書院的確已廢棄多年，冷冷清清

的，雜草叢生，但宅院寬敞，文星坊、泮池等也都還完好，可以想見旺盛時，這裏也是書聲朗朗弦歌不絕的。學政出身的張之洞對此大爲感慨：山西的前任巡撫們可以拿出大筆銀子去修再讀齋，却沒有想到要復興這所書院，真是枉讀了聖賢之書；待諸事辦理稍有頭緒後，一定要把晉谿書院恢復過來。

正想着，老者將李老頭帶上來了。老塾師在客人面前顯得有些拘謹。他連連招呼客人坐，又親自遞上茶碗，並一再聲稱沒有準備，無糕點瓜菓招待，很是過意不去。

張之洞見塾師穿着雖陳舊，却也還整齊，面容雖瘦削，五官也還端正。張之洞對塾師很熟悉。他知道不少塾師都是飽學之士，就學問來說，他們並不比舉人、進士差多少，祇是命運不濟、科場不順罷了。就品性來說，他們因終日誦讀聖賢教誨，沒有受官場黑缸的污染，故而持身多清白，缺德害人的事他們通常不會做。前學臺對塾師有一種本能上的好感。眼前的這個塾師，從舉止神態來看，是一個本分人，再加上他有一個會彈琴的女兒，張之洞對他更是和氣。

『請問老先生尊姓大名？』

『不敢。』塾師恭謹回答，『免貴姓李，賤名治國。其實，老朽六十歲了，從沒治過一天國，這是名不副實。』

張之洞笑了起來，說：『李先生不必遺憾，肩負治國擔子也不見得是好事，像您這樣，以舌耕養家餬口，一分一文來得堂堂正正，花起來心安理得，與世無爭，天君泰然，豈不甚好！』

李治國聽了這話，心中欣然：『客官說得好極了。老朽這幾十年來，也總是這樣想的，不怨不忮，坦然度日。祇不過畢竟家計清寒，許多事做起來力不從心呀！』

這是大實話。蒙館塾師清貧，除極少教出的學生做了大官又有所回報者外，絕大多數是沒有多大

臉面和身份的，要想做點什麼，真的是難。張之洞點點頭，表示對這話的理解。

過一會，他又問：『你的蒙館有多少學童？』

『十五個。這兩天放春假，在家幫父母忙春耕。』

『收的學費能養得起家嗎？』

『哪裏可養家？』李治國苦笑着說，『客官有所不知，晉祠四周的鄉民大都貧困，交不起多的學費。有幾個娃家裏窮，父母早就想他們輟學了。我看他們也還好學，便挽留下來，免去了他們的學費。』

這是一個真正的人師！對於貧寒子弟讀書的艱難，張之洞是深知的。他在湖北、四川做學政的時候，特別關照各州縣學校膏火費的發放。遇有機會，總是勸那些有錢的商賈多捐點錢給學校。在省學臺衙門直接管的經心書院、尊經書院，每次去視察講學，他都要問問學子的學業衣食情況，對那些品學兼優而家境貧困的子弟，他總要想法子去資助他們，他不圖這些學子個人的絲毫報効。這一則出於愛才惜才的本性，他不能眼睜睜地看着一個人才因得不到教育而毀掉；一則也出於作爲學官的責任心。爲國家造就人才，乃是學官的神聖使命。這個李治國，不是朝廷任命的學官，却有這等仁心，應是出於愛才的本性。前學臺對這個老塾師油然生出敬意。

『那您的日子怎麼過？』

『勉勉强强也可維持。』李治國平平淡淡地說，『每年所收的幾千文學費，用來買麥面和油鹽。老伴種菜餵鷄，也能補貼些家用。這兩年女兒回娘家來住，也可以幫幫忙。』

說到女兒了，聖母殿的看守人忙插話：『李老頭，昨夜珮玉彈琴，這位客官聽到了，他很是稱讚，

硬要來看看珮玉。你去叫珮玉出來和客人見見面吧！』

李治國擺手笑道：『小女琴藝荒疏，客官謬獎了。』

張之洞說：『您女兒的琴彈得妙極了。我昨夜一直站在窗邊聽到底，直到她不再彈了纔上床睡覺，躺在床上很久都覺餘音繞樑，不絕於耳。』

『哪裏，哪裏！客官如此美言，小女擔當不起。』李治國開心地笑着，『小女乃貧寒家女子，舉止粗俗，如何見得貴客？』

『老先生不必謙虛。』張之洞懇切地說，『自古以來便有高山流水的佳話，令愛琴藝高明，她也是希望能有人真心欣賞她的琴藝。您不要代她作主，我想她會願意見見我這個晉祠的遊覽者的。』

見張之洞這樣說，李治國起身說：『我進裏屋去問問珮玉，看她意下如何？』

『好！』王定安輕輕地拍打着巴掌說，『你說我們在等着她。』

很快，李治國便出來了，身後跟着一個年輕的少婦，顯然是他的女兒珮玉。

李治國指着張之洞對女兒說：『珮玉，這位客官昨夜聽了你的琴，說你彈得好，今早特爲來看你。他是你的知音，你要當面謝他纔是。』

珮玉走過來，大大方方地向張之洞行了一個禮，輕輕地說：『謝謝客官。』

張之洞見珮玉大約二十五六歲年紀，勻勻稱稱的中等身材，穿一件家織藍底白花粗布袷衣，蛋形的臉上長着一對細長的眼睛和纖小的鼻嘴，頭上沒有首飾，臉上也不見粉黛。渾身上下，透着一股自然純樸清秀靈慧之氣。

久在官場的張之洞平素見的女人，多爲濃妝艷抹的太太夫人，自己過去的三位夫人，儻若見外客，

也必定着意打扮一番。打扮出來的女人，固然漂亮好看，但總不能與這種天然本質相比。一個好比戲臺上的曲折情節，一個好比真實的人世生活。素來率真任性的張之洞，更喜歡這種本質本色的清純。

他滿臉笑意地對女琴師說：『昨夜我聽了你半夜的琴。你的琴聲，把我帶進了你的音樂世界。我跟你說幾句聽你琴的感受，看我算不算得你的知音。』

珮玉微微笑道：『小女子琴藝粗劣，有辱客官聽了半夜，實在慚愧。客官要談聽琴的感受，倒是我願意聽的，請客官指教吧！』

聽珮玉這麼說，張之洞高興地說：『你昨夜彈的琴，上半截的曲子如春谿之流水，如向陽之山花，歡快欣然，像是回憶少年的無憂歲月和成年後的幸福時光。下半截曲子，則有如潯陽江頭長安女的心境，聽起來滿眼是茫茫江月瑟瑟秋荻的情景。我想，你彈到後來，很可能是心中湧起了世事的諸多辛酸悲苦，琴聲便不知不覺地變了調。你看，我說的對還是不對？』

張之洞的這番分析正説中了珮玉的心思。昨夜，她拿起琴來時，本是心情舒暢的。明月清風，紅花綠葉，帶給她以生命的機趣。她操起琴來，心似白鶴，手如流泉，曲調暢達和樂。慢慢地，喪夫殤子的深重悲痛，不期而然地又從她的心靈深處湧冒出來。她憂愁重重，嘆息自己的命運爲何這般苦痛。眼下可以和父母一起生活，往後父母故去，何處將是歸宿？心裏這樣想着，彈出的調子愈加哀婉悽怨了。

珮玉點點頭說：『客官說得不錯。』

張之洞很覺欣慰：『古人云，凡音之起，由心之所生也。又說情動於中故形於聲，聲之文謂之音，故音樂乃人心情之外露。我聽你的琴聲而知你的心情，可不可以算是你的知音？』

珮玉頗爲羞澀地說：『這樣說來，客官可算得上是我的知音。』

張之洞哈哈大笑。葆庚、王定安連同李治國都笑了起來。張之洞對李治國說：『老先生，我有個不情之請，想叫令愛當着我們衆人之面再彈一曲如何？』

不等父親問她，珮玉立即說：『客官既然這樣明辨音樂，我願意爲你再操一曲。』

說罷，轉身回裏屋。

過了好一陣子，還不見人出來。衆人正在奇怪時，忽然從裏屋傳出了琴聲。李治國帶着歉意說：

『琴架大而笨，不便搬動，且小女從未當着生人面前奏過琴。她現在是在裏屋爲各位客官彈奏。』

『也好，也好！』張之洞忙說，『隔壁聽琴，更宜凝神傾聽。』

琴聲清清脆脆地從裏屋轉出來。先是悠揚亮麗，婉約輕柔，如一匹綵練當空飄舞，時上時下，時左時右，舞出許多絢麗的姿態來；又如滿園春花，姹紫嫣紅，千嬌百媚，春色爛漫，引來蜂蝶成群。繼而節奏加快，聲調激昂，如一江春水浩浩蕩蕩向東流去，波叠濤湧，浪花飛濺；又如百獸奔走山林，朝拜虎王，蹄聲急促，氣象壯觀。接下來急管繁弦，號角嘯厲，如春雷乍響，如山洪暴發，如戰馬嘶鳴，如刀槍撞擊……就在衆人被琴聲牢牢吸住的時候，突然什麼聲音都沒有了，霎時間，整個晉谿書院一片寂靜。

珮玉神采煥發地走了出來，頗似一位得勝歸來的楊門女將。

張之洞誇道：『這首曲子比昨夜的更好。想不到一個弱女子還能奏得出這等雄健的樂曲。請問，這是一首什麼曲子？』

珮玉笑吟吟地答：『這是一首唐代古曲。當年唐高祖在太原起事，派他的女兒平陽公主駐紮在扼

控河北山西之間的關口，這關口就是今天的娘子關。平陽公主成功地守住了。唐高祖命樂師譜了這首曲子送給平陽公主，曲譜名叫《平陽公主凱旋曲》。』

張之洞太喜歡這個女琴師了，一個念頭突地在他的腦中萌生：準兒八歲了，却不會彈琴，何不把珮玉聘到家裏來，請她教準兒呢？日後讓她繼承奶奶的琴藝，也是一樁好事呀！

張之洞站起來，走到李氏父女身邊，誠懇地説：『實不相瞞，鄙人就是山西巡撫張之洞。』

聽説眼前站的竟是堂堂撫臺大人，李氏父女一時驚呆了，不知所措。聖母殿的看守老頭也驚詫莫名。王定安在一旁説：『這位真正是撫臺張大人。』又指着葆庚介紹：『這位是藩臺葆大人。』

荒廢的晉谿書院、貧寒的蒙館塾師家，突然間冒出幾個小民祇能耳聞不能目睹的大人物，仿佛喜從天降似的，李治國忙跪下磕頭：『不知大人們光臨，罪過罪過！』

張之洞忙扶起老塾師：『快起來，不必如此！』

待李治國起身，張之洞説：『鄙人有一事請老人家成全。』

『大人有何指示，請吩咐。』

『鄙人先母最喜彈琴，祇可惜鄙人四歲時，先母便過世了，她祇留下一張古琴而没有把琴藝傳下。鄙人有一個女兒，年方八歲，鄙人盼她能像祖母樣會操琴奏曲，故冒昧向老先生請求，讓您的女公子到鄙人家中去，一來教小女彈琴，二來也可教小女識字讀書。一句話，請您的女公子做小女的師傅。不知你們肯給我這個面子否？』

這真是一個莫大的好事，李治國正要滿口答應，珮玉却扯了一下父親的衣角，老塾師祇得改口：『大人這樣看得起小女，這是小女的榮耀，祇是小女乃貧寒人家出身，不懂禮數，且從小讀書不多，如何能做得了小姐的師傅？』

張之洞爽朗地笑道：『你們不必擔心，鄙人既然請您的女公子去，自然就信得過她。鄙人女兒要下個月初纔到太原，這十多天裏，你們父女還可從容商量。或者，女公子也可以先到鄙人家裏暫住一兩個月，看看能否適應，能留則留，不能留隨時都可回晉祠。至於薪水，我會比通常衙門請的西席還要略高一些。請賢父女務必體諒鄙人這一片愛才之心。』

李治國見巡撫説得誠懇，便看了女兒一眼。見女兒没有完全拒絕的意思，便説：『深謝撫臺大人的錯愛，容我們父女再商量一下。』

『行。』張之洞高興地説，『半個月後，我派人來接女師傅。』

説罷，對葆庚、王定安説：『我們回城吧！』